in a burning sea

Contemporary Afrikaans Poetry in Translation

An anthology

T0272156

in a burning sea

Contemporary Afrikaans Poetry in Translation

An anthology

Edited and collected by
Marlise Joubert

With an introduction and selection by
André Brink

Translated by
Charl J.F. Cilliers, Michiel Heyns, Leon de Kock,
Tony & Gisela Ullyatt, Heilna du Plooy, Johann de Lange,
Marcelle Olivier & authors

Protea Book House
Pretoria
2014

in a burning sea – Marlise Joubert

First edition, first impression in 2014 by Protea Book House
PO Box 35110, Menlo Park, 0102
1067 Burnett Street, Hatfield, Pretoria
8 Minni Street, Clydesdale, Pretoria
protea@intekom.co.za
www.proteaboekhuis.co.za

COMMISSIONING EDITOR: Danél Hanekom
PROOFREADER: Shané Kleyn
COVER IMAGE: Marcelle Olivier
COVER DESIGN: Hanli Deysel
BOOK DESIGN AND LAYOUT: Etienne van Duyker
TYPOGRAPHY: 10 pt on 12 pt Baskerville
Printed and bound by Creda Communications

© 2014 Marlise Joubert (text and photography)
ISBN: 978-1-4853-0107-3 (printed book)
ISBN: 978-1-4853-0108-0 (e-book)

Contents

Cas Vos

M.M. Walters

1 Preface

in a burning sea: Contemporary Afrikaans Poetry in Translation aims to address a long-standing need to introduce Afrikaans poetry to a local as well as international audience. While a number of translated works have in recent years been made available to the wider South African readership, only a handful of high-profile individuals continue to enjoy international recognition. This anthology is a collection of poems from contemporary poets who are actively writing and publishing and whose work is a good reflection of the current trends evident in Afrikaans literature. We hope it will go some way towards remedying the present lack of exposure and encourage future publications offering translations of writing also representative of the broader traditions of historical and twentieth-century Afrikaans poetry.

This enterprise has taken three years to complete. I approached poets who had published at least a second volume of poetry in the years from 2005 to 2011 – the nature of the project made it impossible to include work from all contemporary Afrikaans poets, and those represented here were taken from a self-selecting group of established authors. Some poems were unpublished at the time of the selections but have found a subsequent home in more recent volumes of poems. No attempt was made to encourage or discourage any political, racial or gender bias. Individuals were asked to submit up to ten poems; some offered their own translations, but for the remainder we used a panel of excellent English translators. In each case the poet worked in close collaboration with the translator of his or her choice.

The success of this anthology is wholly due to the positive response and mutual cooperation received from both the authors and translators, and I should like to take this opportunity to acknowledge their dedication and meticulous attention to detail. My enduring thanks also to Louis Esterhuizen for his support and enthusiasm, neither of which has diminished throughout the duration of this project. I am grateful, too, for the grants from the Fonds Neerlandistiek (Suid-Afrika), ATKV and, in particular, Pirogue/Spier that supports *Versindaba*, the poetry website which helped us with this publication. *Versindaba* can be directly translated as "poetry debate" or "poetry discussion", and we hope that this forum will now inspire people to continue the conversation beyond South Africa's borders.

Last but not least, I should like to thank André Brink for making the final selections and for writing the introduction to this volume.

Readers will find translations of additional poems by these authors at www.versindaba.co.za, *Translations*.

Marlise Joubert
Stellenbosch
2014

2 Introduction

By André Brink

Many years ago, in the Sixties, there was an attempt by a group of well-meaning but heavy-handed academics to bring Afrikaans poetry to the attention of the world in a very ponderous volume of texts in English translation that sank without a bubble. During the rest of the apartheid era, even though many fascinating events took place in Afrikaans literature, there was, for obvious reasons, not much motivation for the dissemination of writing in Afrikaans abroad. One significant attempt to break through the apathy and overt resistance was the massive volume *SA in Poësie/SA in Poetry*, an alternative collection of South African poetry in English and Afrikaans by Johan van Wyk, Pieter Conradie and Nik Constandaras (published by Owen Burgess: Pinetown, 1988) that deliberately broke away from "canonised" approaches by focusing on poetry previously omitted from "standard" anthologies in either of the official languages. But by and large the image of South African poetry, both inside the country and in the world beyond, remained determined by stereotypes and conventions. After the Nineties no further attempt has yet been made to update this image of Afrikaans poetry in translation for an English-speaking readership, even though the context of this poetry has changed drastically with the political transition in the country and Mandela's accession to power.

However flawed this transition may have turned out to be, particularly after Mandela declined to make himself available for re-election in 1998, literature in South Africa moved into a veritable explosion of creativity. Black and white poets alike, writing in several of the country's eleven official languages, gave vent to the experiences pent up during the many years of repression, initially under colonialism, later very specifically under the form it took during apartheid. It involved much more than politics and soon came to embrace every imaginable kind of liberation – philosophical, ideological, educational, psychological, emotional, religious, sexual, formal, and above all the liberation of the shackled imagination.

In this heady revolution the Afrikaans language and its literature found themselves in a unique position. If, on the surface, Afrikaans "developed" from seventeenth-century Dutch, influences from other European languages like Portuguese, French and English were significant right from the beginning – not always in a "pure" form, but in creolised versions shaped in the mouths of slaves. And in hindsight it became more and more evident that indigenous Khoisan languages – that is, the languages spoken by the oldest inhabitants in Africa, the so-called "Bushmen" and "Hottentots" – had a lasting influence on the emergence of Afrikaans. By the end of the nineteenth century and early in the twentieth, Dutch, which was, with English, one of the two traditional colonial languages of the country, had become transformed into Afrikaans. The movement that affected this was largely political: a small band of white men took control of the cultural scene; and in this respect, both the defining elements of "white" and "men" became decisive. This was how it became possible for the Afrikaans language, and its literature, to evolve into the language of apartheid.

And yet it was never purely a language of the Herrenvolk. Deep down, where it matters most, Afrikaans also remained the language of the deprived, the "non-white", the rejected, the downtrodden, the oppressed. Which was why many of the earliest poetic utterances of Afrikaans were directly born from, or at least profoundly inspired by, the Khoisan memories and imaginings of the continent's early speakers. And after decades of often lamentable "refinement" under the influence of Dutch preacher-poets and English Romantics alike, the political emancipation of the language from 1994 onwards brought with it an ample process of reclaiming its never-quite-forgotten roots and origins. In an often subliminal way, a "coloured" poet like Adam Small, and others like Peter Blum (born in Trieste and brought up in German and French, but eventually shaped in Africa), or Uys Krige (whose handling of the Cape vernacular fused the indigenous with the Mediterranean and the Latin American), had paved the way for the (re)discoveries of the New South Africa.

*

Echoes of early indigenous poems may still linger on in images from a primitive world in which the ordinary mingles with the supernatural, or in lines from lullabies with gentle and charming melodies that are, however, accompanied by frightening words which evoke a world of terror and violence:

> *Siembamba, mama's little baby,*
> *Siembamba, mama's little baby,*
> *Wring his neck and throw him in the ditch,*
> *Step on his head and he'll be dead.*

During the first years of the twentieth century the poetry of the First Afri-kaans Language Movement remained steeped predictably in the obvious and accessible imagery inspired by nature, by the Anglo-Boer War and a grappling with the historical forces accompanying and shaping a national consciousness; but in the work of Eugène Marais, Louis Leipoldt and oth-ers, Afrikaans poetry was already reaching out towards the more universal themes of private and individual experience: love and longing solitude and violence and passion, and a discovery of the metaphysical *within* the everyday. In one way or another, many of the local poets were conversant with poetry produced elsewhere in the world, resulting in sometimes in-spiring but more often irritating epigonism and bland parroting of their favourite Dutch, German and English predecessors from Romantic, Realist or Symbolist traditions; but as early as the decades between the two World Wars, while Afrikaans prose largely remained stuck in the past, Afrikaans poets began to break out of colonialism fully to respond to the challenges of a new century and a new (and also timeless) continent.

Early tendencies towards a rather top-heavy metaphysical load were soon broadened and deepened by the intellectual, psychological, dramatic and moral explorations of poets in the Thirties (the rigorous philosophi-cal and historical enquiries of N. P. van Wyk Louw, the early explorations of femininity in Elisabeth Eybers, the celebratory confrontations with French, Spanish and eventually Latin-American poetry in Uys Krige, among others), soon followed, in the Forties and Fifties, by the rediscovery of and inspiring immersion in Africa in the work of Ernst van Heerden and particularly Dirk Opperman (starting with his exploration of his "three passions – the earthy, the female, and the Vast-Vast-Spirit" in *Sacred Cattle (Heilige Beeste)* and reaching towards an ultimate union of the concrete and the abstract, the real and the mystical, the natural and the super-natural, the male and the female). At the same time the first Afrikaans coloured poets (P. J. Philander, S. V. Petersen) made their debut. This coin-cided with the cosmopolitanism of Peter Blum and a new wave of female voices (Olga Kirsch, Ina Rousseau, and their intellectual and emotional successors, ranging from Ingrid Jonker to Wilma Stockenström).

*

Against this background, and in view of the way in which some individual poets like Ingrid Jonker or Breyten Breytenbach have in recent years be-come more accessible internationally, it makes sense to compile a some-what more representative anthology from the veritable volcanic explosion of recent poetry in Afrikaans. Inevitably, it is still only a very small sample of the rich and varied work produced in the post-apartheid years. In an image that has become current in the language, it is no more than "the ears of the hippopotamus"; even so, a number of characteristic tendencies and themes are already becoming evident. Even if from time to time traditional lyrical features like rhyme or balladesque repetition recur, the international trend away from metre and formalised patterns towards free verse has become dominant. This was not only a way of affirming the modern world, but also a kind of tribute to the very origins of South African poetry, like the "Bushman" poems of the early poet Eugène Marais, as later refined and redefined in ever more plastic and varied forms by Uys Krige's translations from Latin American poetry, as well as by Jonker, Breytenbach and others.

In its attempt to capture a composite image of contemporary poetry in Afrikaans, the present collection covers a broad spectrum of authors who brought out new volumes in the course of the past five years. It begins with the doyen of Afrikaans poetry, T.T. Cloete (born in 1924), an academic who made his debut only in 1980, at the age of 56, and promptly became a leading figure in poetry, short stories and drama, impressing readers with the width and depth of his erudition and his frame of reference in matters philosophical, intellectual, musical and literary. His grasp of subjects as various as history and physics, religion and art, music and the classics, is sufficiently up to date to include, in "red photo lovely marilyn monroe", a delightfully sensual image of the actress, who features in a particularly rich line in contemporary Afrikaans poetry. (In another sumptuous poem Cloete also examines "Marilyn Monroe photo in blue".) Several of the other poets in the volume also represent earlier generations. These include Dolf van Niekerk (born 1929) with his yearning for the essence and simplicity of love ("How should I gather my words") or for permanence ("At Delphi the rocks glow"); or M.M. Walters (born 1930) with his often sardonic and ironic reminders of the relativism of Biblical and historical conventions ("Apocrypha XII", "Review", "I would have become a Christian"); or Wilma Stockenström (born 1933) whose poetry is defined by a constant identification of herself with Africa ("East Coast"), her deep awareness of the evolutionary forces which shape us ("Ecce homo"), her perception of humanity caught between lustre and oblivion ("Confessions of a glossy starling"), or her embracing of the continent, as in "Africa love", with unsentimental appropriation: "How long before I merge with your wide/ cashew-nut forests, before we fit into each other,/ your reed-overgrown arm around me,/ your brown body my body".

Lina Spies (born 1939) made a particular impression with the muted eroticism of her early poem "Young girl" (a nuanced response to an earlier poem by Elisabeth Eybers, "Young boy"), and in later work with her reimagining of Anne Frank ("To Anne Frank of *Het Achterhuis*") and of Mary, the mother of Jesus, in "Unsettled". Spies's famous contemporary Breyten Breytenbach (born 1939) is of course represented too, with his by now familiar Zen-inspired paradoxes of the fleeting and the perennial ("reading Li Bai"), self and other ("in a burning sea"), presence and absence ("Prayer"), and in endless attempts at writing the unwritable, saying the unsayable, defining the indefinable ("self-portrait").

Among the older poets in this anthology is Petra Müller (born 1935), who brings an acute sense of time and space to her work ("Tide", "weekend in town", "river orchard"), often in sharply etched images of people ("Nico").

This generation blends into the next, where Marlise Joubert (born 1945) confirms and expands an elegiac tone also present in Antjie Krog (born 1952) ("In memoriam Lisbé", "warnings", "flotsam"), often using the colour blue to signify crucial moods and moments. The dark undertone of many of her poems, particularly as a dimension or a descant of love, are also characteristic of Cas Vos (born 1945), and – with different nuances – of Zandra Bezuidenhout (born 1945) and the still but deep waters explored by Martjie Bosman (born 1954). Fanie Olivier (born 1949) almost invariably defines the climate of his poetry through love, but here, too, the shadow side of life remains pervasive and death is never far away.

The romantic excesses of early poets tend to make way for starker realism or even cynicism in the work of Antjie Krog, arguably the leading poet of her generation. In a poem like "land" Africa is perceived with a searing and relentless love: "how you are fought over/ negotiated divided padlocked sold stolen mortgaged/ I want to go underground with you land/ land that would not have me/ land that never belonged to me". Both the argument and the imagery of her poetry are incomparably broader and deeper than in the work of many of her contemporaries. Here, too, elegy provides a dominant tone, and in her best work Krog arrives at a visionary quality that illuminates both the historical and the everyday.

Krog is surrounded by a generation of remarkable poets. Marlene van Niekerk (born 1954) draws on a broad historical and cultural canvas where the sacramental is intimately linked to the mundane; in her rhythms the psalmodic carries overtones of honkytonk; often, the political and the philosophical, the sardonic and the deeply serious are engaged in a constant dialogue, charging her poetry with pyromanic intensity.

By comparison, Joan Hambidge (born 1956) offers less intensity and in the broad framework of reference in her travel poems and her ventures into art and philosophy there is sometimes a too demonstrative exhibition of erudition; but in some of her best poems the *fait divers* – from "dollar a fuck" ("Las Vegas, Nevada"), to the murder of JFK ("Dallas, Texas"), opens into "mythical, dream-conjured space" ("Acapulco") even if it means returning "to where I don't want to be".

There is more energy and a deeply sensuous exploration of passion and the frontiers of humanity in Johann de Lange (born 1959) ("Crusade", "Kandahar, Irak", "Two sailors pissing"), who also with admirable restraint explores human frailty in "Death of James Dean". In much of his poetry he brings a deeply resonant new space to his exploration of sexuality and the tensions between solitude and fulfilment.

In the work of Daniel Hugo (born 1955) an epigrammatic, often playful approach, heightened by unexpected turns, often masks profound feelings, as in "Escape", or "Deconstruction", or "Sparrow and man". Something comparable, yet also strikingly different, characterises the many-faceted poetry of Louis Esterhuizen (born 1955) which appears (and "appearance" is a key word here) to be based, like the pictures of Escher, on the interaction of dimensions ("Ode To A Door", "Butterflies"), constantly hovering on the edge of the unexpected, on contrasts and oppositions that miraculously merge, the sharp edges becoming fluid and always in motion.

And still there is more to explore in the work of poets born in the same decade: the energy of Johann Lodewyk Marais (born 1956) steeped in the awareness and the experience of Africa; the sharp observations and lingering illusions of Johan Myburg (born 1957); the sumptuous imagery and imaginings of Charl-Pierre Naudé (born 1958).

Several poets of particular importance made their debut early in the new decade. Henning Pieterse (born 1960) offers a whole volume inspired by the story of Bluebeard, with persisting interactions between flux and stillness, an endless flow of poetry or music that from time to time congeals in individual compositions: in an artichoke layers of leaves become small knots in which beginning and end are contained ("Artichoke"), or in a cell lifetimes of wind and light and air can stir into motion and meaning ("Cell")

Tom Gouws (born 1961) reintroduces the Marilyn Monroe theme ("marilyn monroe photo in grey") in a shocking image of life halted in death, a contrast that returns in "touching song" in which the empty tomb of the dead Jesus is visited; or in "girl with a pearl earring", where Vermeer's immortal painting stands in contrast to the life of the model while a two-way act of sexual possession and creation is brought to life in the relation between her and her artist – a relation that returns, with new juxtapositions, in the images of ship and woman in "sleeping woman".

Gilbert Gibson (1961) also strikes the reader as totally modern: "if my name was sheamus" is not only a poem *about* Mary Magdalene, but startlingly brings her to life in a context of Irish peasantry and timeless sexuality; in "the lost son", as in several other poems, he resorts to summoning up a "vague possibility" among innumerable others, and then to give a name to something specific and concrete, which comes alive through the very act of naming: in this way, the functioning of the word *as word* is demonstrated to be the primary act of creation. In a different way it also happens in the juxtaposition of a statement and its qualification in parenthesis in "Wildeals", or in the introduction of a wild and savage world into the peaceful slumber of a sleeping baby.

And then the selection is rounded off by a handful of poets born in the seventies and eighties. In many respects the reader discovers that the Africa our exploration has opened with, is still the determining factor in the world the poets conjure up and which continues to stalk and haunt them. The fierce dog in "Bismarck and the gardener" by Danie Marais (born 1971), or the landscape which hides within its tamed, civilised and immaculate "gardens and homes" a devastating reality: "here where our children play with pebbles,/ here are/ dragons" (Ilse van Staden: "Here Be Dragons"). There are also the wilderness, or the violence and death that invade the poems of Carina Stander (born in 1976). Similarly, there are the townships and drugs and stabbings, as well as the deceptive goodness or beauty invoked by Ronelda S. Kamfer (born 1981). This world, this Africa, also determines the startling and often staccato poetry of Loftus Marais (born 1982), who regularly holds the reader spellbound with his evocations of an alien and ominous wilderness surrounding our placid everyday and predictable world ("Still life with wild life"). Particularly disconcerting is his view of Cape Town as an "old prossie-transvestite [who] checks her hair/ in the bay's antique mirror/.../ and then smiles that smile, with history as a backdrop/ and moves and shimmers and seduces/ but, oh, in some of her moves/ you sometimes notice the masculine shoulders/ no, not shoulders: the broad mountain of pure stone" ("Also written in the Cape"). In true postmodern vein he is conscious of everything that has already been written about – and on – this city and this landscape, and all of it is summoned to broaden and interrogate or even subvert his own impressions. In rounding off the varied conversations of the past decades, Marais and other emerging voices ensure – like many of their predecessors – that the relevance of recent Afrikaans poetry remains valid and stimulating, while continuing to open new possibilities for the future.

André Brink
Cape Town
2014

RÊVERIE: MIDI

In brons September
lig veegsels wind
die lokke van 'n wilger;
langgras flikflooi
om die gestrekte bene
van 'n tuinstoel;
tot anderkant die wingerd
vlek middagson die einders
en sikades troef
die singtaal van sigeuners.

Ingeskemer agter luike
dryf 'n droom
langs kronkelmuurtjies,
boorde, 'n pad wat swaai
na Nîmes of Avignon.
Sipresse klad die dag;
skadu's stoot soos naalde
in die heuwels;
lote hang laag oor 'n terras.

'n Bries gaan teen die donker lê;
die aand is soel van bonhomie
en aromas luier soos tonge,
swaar van nog 'n sinnelike somer
wat afloop in die hart van die Midi.

3 AFRIKAANS POETS

Zandra Bezuidenhout

RÊVERIE: MIDI

In bronze September
the wind's caress
lifts locks of willow
as the long grass flirts
with the straddled limbs
of a garden chair;
far beyond the vineyard
afternoon sun flecks the skyline
and cicadas hiss,
silencing the sound of gypsy song.

Shaded in behind shutters
drifts a languid dream
by winding walls,
orchards, a road that curves
to Nîmes or Avignon.
Cypresses blot the day,
shadows pierce the hills;
tendrils trail low over a terrace.

A breeze dies down by dark;
the night is balmy with bonhomie
and aromas linger like tongues,
heavy with another sensual summer
winding down in the heart of the Midi.

(Unpublished)
(Tr. by Michiel Heyns)

MANTRA

Jy soen my wakker
as jy my inlyf
in die gange van die dag.

Wanneer ons mekaar
raakloop by poorte en pilare
raak jy my aan en soen jy my.

In die middagkoepel van die tuin
soen jy my dralerig in water
onder die geklank van groen.

Vroegaand in die marmer-ure
is jou tong 'n akkedis, 'n grap
wat glip van trap tot trap.

Maar snags, ja snags,
as jy my openliker soen
ontskulp jy my tot loperige silwer.

Jy soen my, en ek sterf.
Eros is 'n mantra
wat dobber in die mond.

INTIEM

By 'n uitstalling van Marlene Dumas

Kyk nou intiem:
hoe spoel die skaamte

van 'n half-oop anemonemond
tot in die oog se loperige skulp,

hoe transparant die tepelblom
wat bloei in braamrooi drif.

24

MANTRA

You kiss me awake
as you embody me
in the passages of day.

When we encounter each other
by portals and by pillars
you touch me and you kiss me.

In the garden's midday dome
you kiss me lingering in water
under the sounding of green.

Early evening in the marble hours
your tongue's a lizard, a joke
that slips from step to step.

But at night, yes night
when your kiss is more overt
you unshell me to liquid silver.

You kiss me, and I die.
Eros is a mantra
hovering between the lips.

(Unpublished)
(Tr. by Michiel Heyns)

INTIMATE

At an exhibition of Marlene Dumas

Look intimately now:
how the shy secret

of a half-open anemone mouth
washes into the liquid shell of the eye,

how transparent the nipple-bud
bleeding in berry-red passion.

Teenlig en tint se dubbellyn
sluit skaamte in en uit

tot 'n ferm kwashaal invou
om die wond van die geslag.

In verf en ink staan dit geteken:
die nagloed van 'n anemoon

was eenmaal week en rosig
in 'n kind se kyk,

pop van vlees wat lip en lyf vermoed,
kurwe, en bloed.

VOORSPEL

Die dae van die voorsomer
het ek die vy sien swel,
en in die aand
die ronde klont
gevoel, my vingers
om die goue bal laat speel
en die genot van rypword
met my gesel gedeel.

Vroegoggend, toe dit stil en koel was,
het ek die wortels natgelei;
gesien hoe diep 'n stam
van poele droom.

Toe draai die son
die aanloop van die somer om:
die vrug stol in die glans
en drup van lig.
Die palm van my hand
wil talm om die daad nog uit te stel,

Contre-jour and colour's double line
shut shame both in and out

till a strong brush-stroke enfolds
the wound of sex.

In paint and ink it is inscribed:
the afterglow of anemone

was once a tender-tinted rose
in a child's wondering gaze;

doll of flesh that intuits lip and limb,
curves, and blood.

(Unpublished)
(Tr. by Michiel Heyns)

PRELUDE

In days of early summer
I marvelled at the swelling fig
and in the evening fondled
the rounded globe,
let my fingers play
around the golden orb
and shared the ripening delight
with someone by my side.

In early morning's cool and quiet
I drenched the roots,
saw then how deep a tree
could dream of pools.

Then the sun turned round
the summer's sweetening:
the fruit clots in the glow
and drip of light.
The palm of my hand
holds back, hovering to delay the deed,

maar rypheid gly so moeiteloos, so glad,
vertrou die troeteling,
en laat die pluk hom welgeval.

Ek skil die eerste vy,
breek dit in twee
en gee die plomprooi soetigheid
as blyk van ons verbondenheid.

FALLIESE VROU

Ek ken die vrou, die wilde een,
wat hardloop met die wolwe.
Sy jaag die voornag uit sy lêplek op
en kap na skaduwees
wat opstaan teen die wande.

Nou glip sy uit die grot,
gly met die trop deur smal ravyne;
besnuif die droom,
markeer die pas
tot anderkant die middagdors
waar in die lang gras
in die kollig van 'n koelteboom
'n raamwerk roer.
Hier sper die derde oog –
hoe helder span 'n beeld
in doringtak en struikgewas.
Vannag sal sy die sterre vang,
ligsnoere vleg, krale en beentjies ryg
en om haar nek en lende hang.

'n Tong swel blink en pers,
die warm asem stoot die skemer in –
die fluitroep van 'n jong wolvin?
Kabaal of groeiende kadans?

but ripeness slips so effortless, so smooth,
trusts the cherishing,
and permits the plucking.

I peel the firstling of the figs,
break it in two
and offer the plump-red sweetness
as token of our bonded state.

(From: *dansmusieke*, Suider Kollege Publishers, 2000)
(Tr. by Michiel Heyns)

PHALLIC FEMALE

I know the woman, the feral one
who runs with wolves.
She harries the night from its lair
and paws at shadows
that dance against the walls.

Now she slips from the cave,
slithers with the pack through narrow ravines;
sniffs at the dream,
marking time
to beyond the noonday thirst
where in the tall grass
in the dappled light of shady trees
an outline stirs.
Here the third eye widens –
a lucid image spans
from thorny branch to shrubby plant.
Tonight she'll catch the stars,
plait strings of light, of beads and little bones
to drape around her neck and loins.

Her tongue takes on a purple gloss
the warm breath penetrates the dusk –
is that a she-wolf whistling?
Clamour or burgeoning cadence?

Die rante hou die sniklag
van 'n hond-vrou vas.

Die slym lek uit haar bek,
ketting in die sand
verhale van demone
wat met die volmaan loop.
Sy hardloop voor:
Sy is getoor tot vrou met fallus,
die een wat jag
en tussen wolwe woon.

The ridges hold the howls
and laughter of a bitch.

Slime dribbles from her snout,
chain-like motifs slobber in the sand
as she writes the tales of demons
roaming the moonlit plains.
She revels in the hunt:
She's been magicked to phallic female,
the wild one now becoming
the leader of the pack.

(From *Aardling*, Protea Book House, 2006)
(Tr. by Michiel Heyns)

ONTMOETINGS

– na Czesław Miłosz

Laatmiddag ry ons deur 'n droë land,
swart verbrand van wintervure.

'n Rooi son sak agter donker rante weg.
Om ons krimp die wêreld in.

Skielik spring 'n duiker oor die pad.
Woordeloos wys ek met my hand.

O my vriend, wat sou daarvan word,
die bok, die pad, die meisiekind van lank gelede?
Ek vra dit nie met pyn nie, maar met verwondering.

VERSKROEIDE AARDE

Van dié geskiedenis kan ons slegs brokke agterhaal:
Grootouma Geldenhuys met vier kinders
in 'n oop beestrok na die kamp by Merebank,
'n paar stuks vee behoue in die walle van die Vaal,
Grootoupa te velde wie weet waar.
Die rooi huis is gekonfiskeer as hospitaal –
gerugte van soldate begrawe onder die leiklipstoep,
die erfgenaam naamloos in 'n seepkis iewers in die sand.
Ek erf uit ouma Makkie se beroertemond
twee bitter woorde: smaad en hoon
en die droewe wete van familiegrond
vir geslagte tevergeefs bewoon.

Martjie Bosman

MEETINGS
– after Czesław Miłosz

Late afternoon we drive through a parched land,
burnt black by winter fires.

A red sun slips behind dark hills.
The world shrinks around us.

Suddenly a duiker bounces across the track.
Speechless I point with my hand.

O my friend, what will become of this,
the buck, the track, the girl of long ago?
I ask this not with pain, but with wonder.

(From: *Landelik*, Protea Book House, 2002)
(Tr. by Tony & Gisela Ullyatt)

SCORCHED EARTH

Of this history we can hunt down only fragments:
Great-grandma Geldenhuys with four children
in an open cattle truck to the Merebank camp,
a few head of cattle sheltered on the banks of the Vaal,
Great-grandpa in the field who knows where.
The red house confiscated as a hospital –
rumours of soldiers buried under the slate stoep,
the heir nameless in a soap box in the sand somewhere.
From Ouma Makkie's stroke-stricken mouth I inherit
two bitter words: insult and scorn
and the mournful knowing that generations
settled this family's land in vain.

(From: *Landelik*, Protea Book House, 2002)
(Tr. by Tony & Gisela Ullyatt)

OP DIE SPOOR

Wildernis is nie eenvoudig nie.
Sou dit maar iets aan ons wou wys,
iets wat soos 'n helder fluit styg
uit swamme op 'n verrotte stomp.
Sou ons 'n duidelike woord kon vind
vir die kort lewe van termiete
en 'n bruin arend behoedsaam op 'n tak.
Wat is al gesê oor 'n dooie buffelkalf,
die woekergroei van waterhiasint?
Swart miere streep oor 'n pad.
'n Kiewiet weerkaats in 'n poel.
Bruin kewers in 'n lae web gevang.
Sou ons maar 'n metafoor kon vind.
'n Patroon om af te lei.
'n Verhaal om te vertel.
In die sand lê spore kruis en dwars
en droë blare val daaroor.

VOORLAND

Die boer se seun weet vroeg
hoe om die trekker te hanteer,
en sal smiddae ná skool gou
'n paar vore ploeg ter wille
van die geur van grond en son.
In die skemer stal druk hy soggens
sy kop teen die warm lies
van 'n bont koei wat hy dan
met 'n klappie vir die melk bedank.
Maar op aandrang van almal
sal hy veilige kursusse kies
aan 'n goeie universiteit

ON THE TRAIL

Wilderness is far from simple.
If only it could show us something,
something like a lucid bird call rising
from fungi on a rotten stump.
If we could find the right word
for the brief life of termites
and the brown eagle wary on a branch.
Has anything yet been said about the dead buffalo calf,
the teeming growth of the water hyacinth?
Black ants stripe the road.
A pool mirrors a plover.
Brown beetles caught in a low web.
If we could find a metaphor.
Deduce a pattern.
A tale to tell.
Tracks crisscross in the sand
and dried leaves fall over them.

(From: *Toevallige tekens,* Protea Book House, 2010)
(Tr. by Tony & Gisela Ullyatt)

DESTINY

From early on the farmer's son
knows how to handle a tractor,
and in afternoons after school will
plough a couple of furrows
for the sake of smelling soil and sun.
Each morning in the cowshed's gloaming
he presses his head against the warm flank
of a brindled cow which he
rewards with a pat for the milk
But at everyone's insistence
he will choose safe courses
at a fine university

sodat hy later in Londen of New York
hom kan verbeel hy sien in sy kantoor
se dubbelruit die weerkaatsing
van haelwit gestapelde wolke
oor die Hoëveld waar dit oop was.

SOMERSTORM

Die storms kom altyd uit die suide
ná 'n smorende dag met dik wit wolke
en iets doods wat oor die tuin kom lê.
Dan pluk 'n wind als los: deure klap,
wasgoed spartel aan die draad,
gordyne swiep papiere van 'n tafelblad.
Blitse bitsig oor die rante, die donder
om ons, in die huis. Vensters haastig
toegetrek. Ons staan eerbiedig voor ruite en kyk
hoe grys vlae oor die proefplaas stort,
wag gespanne vir die eerste druising op die dak,
sien lemoenbome in die agterplaas vervaag.
Loop gang af. In die voortuin skeur 'n tak
van die papierbas, tuimel op die kikoejoe neer.
Weerlig blits na blits. Die krag skop uit. Alles stol.
Ons luister hoe die donder uit die vallei wegrol.
Die geute raas. Die dag word ligter.
Haarhoffstraat kom af, bruin en breed.
Daar is dooie voëls, iewers paddas wat kwaak
en langs die draad 'n silwereik aan twee geruk.

so that later through the double-glaze
of his office in London or New York
he can imagine seeing the reflection
of hail-white clouds banked up
over the Highveld that once was open.

(From: *Toevallige tekens*, Protea Book House, 2010)
(Tr. by Tony & Gisela Ullyatt)

SUMMER STORM

The storms always come from the south
after a stifling day with thick white clouds
and something smothering lying over the garden.
Then a wind rips everything loose: doors slam,
washing flounders on the line,
curtains sweep papers from the table.
Lightning jagged over the hills, the thunder
around us, in the house. Windows are shut
hastily. In awe we stand before the panes, watching
how grey gusts flurry over the experimental farm,
waiting eagerly for the first swish on the roof,
seeing orange trees blur in the backyard.
Walking down the corridor. In the front garden a branch tears
from the paper-bark, tumbles onto the kikuyu.
Lightning strike after strike. The power trips. Everything freezes.
We listen to the thunder rolling down the valley.
The gutters clank. The day grows lighter.
Haarhoff Street's in spate, brown and wide.
There are dead birds, somewhere frogs croak
and next to the fence a silver oak riven in two.

(From: *Toevallige tekens*, Protea Book House, 2010)
(Tr. by Tony & Gisela Ullyatt)

SOET SEISOEN

Dit is weer die soet seisoen
van bye wat bedwelm van geur
hul gestreepte lyfies in die blomme
van die wildesalie werk.
Ek soek al lank na 'n metafoor
vir die verval van 'n stad,
maar nou is dit die soet seisoen
waarin saans die reuk van jasmyn
op koel lug dryf deur gordyne.
Ek soek nog na 'n metafoor
vir die vergaan van 'n lyf,
tevergeefs in hierdie soet seisoen.
As die rose pieringgroot oopvou
en my vase daagliks met nuwe
en wisselende kleur gevul word,
bly die metafoor van aftakeling
my gelukkig nog ontwyk.
In hierdie soet seisoen
sal ek nog talm by dié tekens
in hierdie tuin van alle liefde.

SWEET SEASON

It's the sweet season again
of bees drugged with fragrance
their striped bodies working in the flowers
of wild sage.
I have been searching a while for a metaphor
for the decay of a city,
but now it is the sweet season
when in the evening the smell of jasmine
floats through curtains on the cool air.
I am still searching in vain for a metaphor
for a body wasting away,
in this sweet season.
As the roses unfold large as saucers
and every day my vases are filled
with fresh and shifting colour,
luckily the metaphor of decay
still eludes me.
In this sweet season
I shall linger with these signs
in this garden of all loves.

(From: *Toevallige tekens*, Protea Book House, 2010)
(Tr. by Tony & Gisela Ullyatt)

lesende Li Bai

na 'n dag se drukkende hitte van vogtige lug
onder 'n nabye hemel, na 'n dag van sweet
sodat ons die soet souterigheid van elkaar
se gepêrelde huide kon proe in die lies,
na die bulkende rumoer van verstopte strate
en die stank van oliedamp en blink verrotte water
waar die roeier geboot bo sy weerkaatsing staan

het die uitspansel geril in 'n vurking van vuurpraat;
die moeë swoeërs wat dag lank vragte gestoot het
of dragte vrugte moes kolporteer,
die stompies mense met die verkoolde voetsole
en 'n skrynende herinnering aan kos
lê hul verslae lywe op donkerder sypaadjies
waar rot en kokkerot in vullishope snuffel –
al singende in die slaap van die eie sterwe
want wie sal wierook brand voor hulle naamlose gesigte
wanneer hulle dood is?

die kruine van die hoogste baniane waar die roepvoël stil is
sal effens bewe in die bries, daardie asem wat laer ritsel
in die sugtende takke van koejawelboom, flambojant
en frangipani, en met die soeter vleug van jasmyn en kanferfoelie
die binneplase binnedring, en nog later sal 'n donkerder
gepêrelde reën van strate 'n spieël maak vir die nag

die nag is 'n spieël op ou vergeetsels:
in hierdie stad het jy in 'n tuin geleer
hoe tydloos takke se beweging is –
altyd was daar die einder-geflakker van oorloë
en bedelaars in verslete groen uniforms
sonder hande of bene in die strate,
bloed is baie soos ou vlekke sweet

Breyten Breytenbach

reading Li Bai

after the thick heat of day and the wet
heavy skies, after a day of sweat
so that we could taste the sweet salt
of each other, pearled in the groin,
after the bleat and blare of clogged streets
and gasoline stench and bright putrefied water
where the rower stood boated above his reflection

heaven trembled between the forked tongues of fire —
toilers trundled their burdens through the hours
or hawked baskets of fruit,
those fag-ended porters with charred footsoles
and a gnawing memory of food,
laying their numbed bodies down in darkened alleys
where rat and cockroach rummage in rubbish tips —
and they sang in their sleep, they sing their own dying,
for who will burn incense to their nameless faces
when they are dead?

the crown of the tallest banyan where the callbird keeps quiet
will shiver once in the breeze, the breeze will drop rustling
into the sighing branches of the guava, the red flame tree
and temple flower, sweet whiff of jasmine and honeysuckle
will seep into the courtyard, and later dark pearls raining down
to make of the street a mirror for the night

night is a mirror for an ancient letting go:
in a garden in this city you learned
how eternal the stirring of branches can be —
and always war slashing the skyline
and beggars without hands without legs
in their tattered green uniforms,
blood like old sweat stains the streets

toe jy jou opteltafels ritmies moes skandeer,
toe jy soggens nog die bedwelmende naggedagte van heulsap
kon inadem in jou vader se studeerkamer
wat slaap lank gevul was met die murmeling van stem
en teenstemme, toe jou perd 'n bamboesstok was
en jy so skaam dat jy nooit wou lag
maar met jou vinger langs die krake van skadu's op 'n muur
boodskappe gelaat het vir 'n verbeelde speelmaat –
het jy toe kon droom dat ek eendag
hierdie splinter swart spieël vir jou sou skrywe?

en toe jy vyftien was en jou hare agteroor begin kam
en jou winkbroue minder sou frons, toe jy begin opmerk
wanneer geel kroonblare soos dooie skoelappers of skille parfuum
op die dakke neersif, om ook anderkant toe te kyk –
ek ken die bome se welriekende name nie –
toe vloedwaters oor die dyke gebraak en die woude besmet was
met die vergiftiging van lewe en die gistende dooie vlees van oorlog,
altyd oorlog, toe die kokospalms leeg was
en hongersnood die land beset het –
het jy ooit kon weet dat ek mét jou wil wees
soos stof en soos as?

daardie jare van drukkende hitte en vogtige lug
voor ek my aan jou kon ontbloot, was maar net 'n reis
wat ek met wit oë moes bewandel om nie te struikel
in die bergpasse nie, ek was op pad na jou
en die ape se gegil 'n weeklaag van rook wat opstyg na die hemel;
voor die hek van die huis gesloop deur bevryding
is die ou spore van jou kinderspeletjies nou so groen soos gister
toegegroei onder mos, en geel blommetjies fladder
soos versadigde vlinders uit die bome vol wind

die sweet het van jou slaapgesig 'n nat maan gemaak –
hoekom moet jy huil oor 'n ou-ou weggaan?

when you song-sang your multiplication tables,
when each morning you inhaled the giddy afterthoughts of opium
in your father's empty study which all sleep long was filled
with the murmuring voices of yes and of no,
when your horse was a single stalk of bamboo
and you were so shy you dared not laugh
but traced with a finger shadow cracks on the wall
leaving messages for an imaginary playmate –
could you have dreamed that one day
I would write this dark sliver of mirror for you?

and when you were fifteen and began to comb back your hair
and stopped frowning your eyebrows, when you noticed
how yellow blossoms sifted down, dusting the roofs
like dead butterflies or flaking perfume,
quickly to look the other way –
what are the fragrant names of those trees? –
when floodwaters belched over the dikes and the forests
were poisoned by pollution and the fermenting meat of war,
always war, when the coconut trees stood empty
and starvation invaded the land –
could you have known that I want to be with you
like dust and like ashes?

those years of thick heat and wet
before I could show myself to you
was simply a journey to set out on
carefully, lest I stumble
in the mountain passes: I was on my way to you
and the monkeys' screech was smoke keening to heaven –
before your liberated house, the foundations levelled by freedom,
the traces of childhood games burn green as yesterday's gate
grown over with moss, and yellow blossoms
flutter like butterflies glutted on wind

sweat has made a wet moon of your sleeping face –
why should you weep for an old-old departure?

voor jy wakker word, skryf vir my 'n brief
en ek sal jou kom ontmoet al is die pad ook donker
en diep die verlede in, reguit tot waar Grootwind
se sand ook mag waai: kyk, hier in dié vel papier
ry jy nog 'n streep op jou bamboesperd…

Saigon, 18 Desember 1995

ONSE MILDE GOD VAN ALLES WAT SOET EN MOOI IS

Onse milde God van alles wat soet en mooi is,
Laat U naam altyd in ons geberg bly en daarom heilig,
Laat die republiek tog nou reeds kom,
Laat ander hul wil verskiet –
Gee skiet! Gee skiet!
Sodat ons ook 'n sê mag hê,
'n Sê soos 'n see
Wat om die kuste van ons hemelse Stilberge lê

Gee dat ons vandag ons daaglikse brood mag verdien
En die botter, die konfyt, die wyn, die stilte,
Die stilte van wyn,
En lei ons in versoeking van velerlei aard
Sodat die liefde van lyf na lyf kan spring
Soos die vlammetjies van is-is van berg na berg
Braambosse van vuur tot aan die witste maan bring

Maar laat ons ons verlos van die bose
Dat ons af kan reken met die skuld van eeue
Se opgebergde uitbuiting, se geroof, se verneuke,
En die laaste rykman vrek, aan sy geld vergif

before you awaken, write me a letter
and I will come to meet you even if the path is dark
leading deep into the past, all the way to Great Wind's
blowing sands: look, here on this page
you still canter the track on your bamboo steed...

(Sai Gon, 18 December 1995)

(From: *Lady one: Of love and Other Poems*, Harcourt, 2002)
(Tr. by the author)

PRAYER
(in memory of J.K.)

Our mild God of all that's sweet and beautiful
Let thy name be always stored in us and therefore hallowed
Let the republic now come about.
Let others shoot away their will—
Let go! Let go!
So that we too may have a say,
A say like a sea
Around the coasts of our heavenly Still Mountain

Give that we today may earn our daily bread
And the butter, the jam, the wine, the silence,
The silence of wine.
And lead us into temptations of manifold kinds
So that love may jump from body to body
The way flames of being from peak to peak
Bring brambles of fire to the whitest moon

But let us deliver ourselves from evil
So that we may settle the score of centuries
Of stored exploitation, plunder, and treachery,
And the last capitalist dies, poisoned by loot

Want aan ons behoort die menseryk, die krag en die heerlikheid,
Van nou af tot in alle ewigheid net so ewig
Soos die skadu's en grensposte van die mens
As hy goddelik die aarde uit die hemel skeur

Aa mens! Aa mens! Aa mens!

SELFPORTRET

Hier is ek derde van die kant
net links van die middel
(ook die derde van my geslag, want ek is
my oupa se kleinkind en my pa se seun
en my moeder had 'n vrygewige mond),
met die hande van iemand wat vroeër dae
dikwels 'n hoed agter die rug vas sou hou.
My oë is nie blou nie.

Ek was te jonk om aan te sluit
by Durruti van die goeie avontuur
se brigade anargiste, en Alexander was lank
dood voor my geboorte, al lewe hy nou weer
by monde van geskiedkundiges. Is die praatopening
dan tog die baarkluis van stof?
Daar is niks besonders te vertel
oor my onderbroek nie.

Drome kom snags in die huise waar ek slaap.
Soms gesels ek met die vlieë oor sonne
en die sondes van menswees, want ek griffel
selfportretreise in verstrooide versvorm
en rig my lewe na die lees van landskappe.

For ours are the kingdom, the power, and the glory,
For ever and ever and just as eternal
As the shadows and the frontier passages of man
When godlike he tears the earth from heaven

Ay man! Ay man! Ay man!

(From: *Windcatcher: New & Selected Poems, 1964–2006*, Harcourt, 2007)
(Tr. by the author)

SELF-PORTRAIT

That's me third from the end
just left of centre
(the third as well of my line, for I am
my grandfather's grandchild and my father's son
and my mother had a generous mouth),
with the hands of someone who in times gone by
often clutched a hat behind the back.
My eyes are not blue.

I was too young to join
Durruti of the good adventure's
anarchist brigade, and Alexander died
long before my birth, even though he lived again
by mouth of the historians. Is the orifice of speech
indeed the birth-vault of dust?
There's nothing much to tell
about my underpants.

At night dreams enter the houses where I sleep.
Sometimes I converse with flies about suns
and the sins of being human, for I engrave
self-portrait journeys in scattered verses
and align my life to the lines of landscapes.

Die persoon wie se seiljag omgedop het
aan die kus van Tierra del Fuego
is nie ek nie; trouens, ek het nog nooit
'n lewende vulkaan gesien nie
al vry die tong ook na spuwende vuur.
Daar is haartjies op my hande.

Dis iemand anders wat al die woorde
van *La Traviata* in Duits kan vertaal.
Nelson Mandela reken my nie
onder sy vertroude trawante nie.

Ek gebruik selde 'n lipstiffie maar grimas soms
soos 'n oerangoetang met tandpyn voor 'n vaal spieël.
Ek het 'n ding tussen die bene, en sê weer:
Uit die kruik van my moeder is ek gebore,
tussen haar lende, in bloed en ellende
en met groot lawaai.

Jare gelede het ek 'n nommer sewe skoen gedra
en ook geglo in die gelykheid van alle mense
en geluister na die troebel vertellings van kanaries
in koutjies in die gange van donker stede.
Kyk, ek is die man wat 'n winkelier ken
met 'n moesie op die neus: ek maak immers
tekeninge van geheue se kelders en skripsie.

Die reuk van perde stuit my nie teen die bors.
Soms word die verkeerslig vir my rooi.
By geleentheid het ek 'n pornografiese foto betas,
haar boude was effe dik en het geblink
onder vingertoppe se olierigheid.
God praat nie met my nie.
Om te kyk is om te maak.

So is ek, so my lewe.

The person whose yacht capsized
off the coast of Tierra del Fuego
is not me; in fact, I've never yet
seen a live volcano
even if the tongue courts spewing fire.
There are tiny hairs on my hands.

It's someone else who can translate
all the words of *La Traviata* into German.
Nelson Mandela does not count me
among his close hangers-on.
I seldom use lipstick but do sometimes grimace
like an orang-utan with toothache in a mirror dulled by breath.
I have a cock between the legs, and say again:
from the urn of my mother I was born,
from her thighs, in blood and distress
and crowing up a noise.

Years ago I wore a number seven shoe
and also believed in the equality of all people,
and listened to the turbid tales of canaries
in cages in the corridors of dark cities.
Look, I'm the man who knows a shopkeeper
with a beauty spot on the nose: after all,
I do make drawings of memory's cellars and inscriptions.

The smell of horses does not take me by the throat.
Sometimes the traffic light turns red against me.
On occasion I've fingered a pornographic photo,
her buttocks were somewhat fleshy and shone
under the oiliness of fingertips.
God does not talk to me.
To look is to create.

That's me, thus my life.

(From: *Windcatcher: New & Selected Poems, 1964–2006*, Harcourt, 2007)
(Tr. by the author)

AFREIS

(soos Du Fu)

(in die bak tussen vasteland en eiland lê see
met in haar skemer skoot ongekende spitse en woude en valleie
en galjoene en stede en kruike wyn en kaalgeplukte geraamtes
waaroor die kiel van ons boot streep
soos die vlug van 'n hoë vreemde waggelende voël

soos ek voortbeweeg, net so verander die land se gesig
langs en bo die kus die geterrasseerde vrugbare hange
onder die dor bleek bergpieke – droë koppe bo geil lywe
die bosse is somber in dié laat somer
af en toe, soos wanneer mens 'n laag stof en vernis
van 'n ou skildery afvee,
glinster 'n tydlose gekalkte dorp deur met koepels
en torings met vaandels, lieflik, maar ek bly steeds
               'n vreemdeling hier
glinster en vervaag soos die toeskuif van 'n slaperige voël
se blink oog

skuim spuit verby die ploegende boeg
ek draai om
wind vou die see se gesig oud
die eiland van ons geluk glip reeds onder 'n sluier van mis;
sink)

sedert die oudste dae was daar altyd reisigers
so waarom sou ek treur?

DEPARTURE

(for Du Fu)

In the basin between mainland and island lies the sea
with in her twilight womb unknown pinnacles and forests
          and valleys
and blackfish and cities and urns of wine and skeletons
          plucked bare
over which the slit of our boat streaks
like the flight of a high strange staggering bird.

As I move forward, so the land changes face
above the coast – the terraced fertile slopes
under colourless mountain peaks are the lush bodies
          of arid heads
and bushes will be sombre this late in summer.
Now and then, as when one wipes layers of dust and varnish
from an old painting,
a timeless chalked village glimmers through, its cupolas
and towers with banners – lovely,
          but I still remain a stranger here
glimmer and fade like the closing of a sleepy bird's
shining eye.

Foam spurts past the plunging bow.
I turn around,
wind folds the sea's features into old lines of passing.
Already the island of our bliss slips a veil of mist over itself:

Since the oldest days there have always been travellers,
so why be sad?

(From: *Windcatcher: New & Selected Poems, 1964–2006*, Harcourt, 2007)
(Tr. by the author)

51

[hoe vaak was ons hier]

hoe vaak was ons hier tussen koeltes op die vloer
die reuk van terpentyn en van vuur
die doeke is wit want die oë is leeg
die afsydigheid van die nag
en die maan 'n glimlag buite iewers
buite sig
die dae vergaan soos seisoene by die ruite
'n wolk, 'n gesig, 'n reënblaar, dié gedig
ek wou my afdruk op jou laat
ek wou jou brandmerk met die vlammende uur
van alleen wees
geen vuur sing so mooi
soos die silwer as van jou bewegings nie
en jou treurige liggaam
ek wou daardie treurigheid uit jou haal
sodat jou liggaam oop mag breek
soos 'n stad oopgaan
op 'n helder landskap
vol duiwe en die vuur van bome
en waar silwer kraaie ook onsigbaar is in die nag
en die maan 'n mond wat mens aan die brand kan steek
en dan wou ek hê dat jy kon lag
en jou bitter lyf
my hande van porselein op jou heupe
jou asem so 'n donker pyn
'n swaard is aan my oor
hoe dikwels was ons hier
waar net silwer skaduwees nog roer
alleen deur jou moet ek myself verwerp
deur jou alleen het ek besef hoe haweloos ek is
in 'n brandende see

IN A BURNING SEA

how often were we wrapped in coolness on the floor
the smell of turpentine and fire
the canvases white to our empty eyes
night's indifference
and the moon a smile somewhere outside
out of sight
days decompose like seasons beyond the panes
leaves of rain, a face, a cloud, this poem
I wanted to leave my imprint on you
to brand you with the flaming hour
of being alone
no fire sings as clear
as the silver ashes of your movements
and your melancholy body
I wanted to draw that sadness from you
so that you might be revealed
the way a city opens
on a bright landscape
filled with pigeons and the fire of trees
and silver crows also out of sight in the night
and the moon a mouth that one can ignite
and then I wished that you could laugh
and your body bitter
my hands of porcelain on your hips
your breath such a dark-dark pain
a sword at my ear
how often were we here
where only silver shadows stir
only through you I had to deny myself
through you alone I knew I had no harbour
in a burning sea

(From: *Windcatcher: New & Selected Poems, 1964–2006*, Harcourt, 2007)
(Tr. by the author)

halfoggend in die hemel

halfoggend in die hemel bo Wesheuwel
is die maan 'n stukkende skepbekertjie
van die lig   opgediep uit die tye
beenbleek gespoel deur getye se tyding
van verbygaan
om tot klip te stoel so groot soos 'n droom

wat net bewys
dat daar al sedert die begin van sterrebeelde
'n dors na lewe in die heelal was

o wagters, julle wat blind op loer lê
vir die lig in ons sout
en die skittering van die roos in ons wonde:
as julle die dooies se gesigte wou aanskou
sou julle die moeders in die gaskamers onthou
en kon weet: *so* is nie die manier
om julle identiteit terug te vind

en julle wat in die deure van ons huise staan:
kom binne uit die verblindende binding van die môre
en maak ons drumpels donker
sodat ons gerus gestel mag word
dat ons mense net soos julle kan wees

kom, kom drink Arabiese koffie saam met ons
en julle sal sien dat julle mense is
net soos ons   net soos ons ook ween
ook in doodskiste pas

midmorning in heaven

midmorning in heaven above West Hill
with moon a perforated dipper
of light   dredged from time
bone-bleached by gospel tides
of verbs become verbiage
to stool in stone the size of a dream

which only goes to show
that since the outset of stellar configurations
there's been a door to life in the dark out there

oh watchmen, you lying low in the lee of your blindness
to leer at the light in our salt
and the shimmering of rose roosting our wounds:
if you were to gaze on the gazetted faces of the dead
you'd remember gossamer mothers in gas chambers
and know: this is not the way
to recover your identity

you standing in the doorways of our demure dwellings:
come inside from the blind binding out there
come darken our thresholds
come rest your whitened eyes
so that we may know ourselves
as people just like you

come, come drink Arabic coffee with us
and you will see us weep
and fit into coffins just like you do

(From: *Voice Over: A Nomadic Conversation with Mahmoud Darwish*, Archipelago
Books, 2009)
(Tr. by the author)

Silhoeët van Beatrice
Dante Par. 1: 112–114

Frontaal gaan vanaf die voorkop
die ronding oor in die verfynde wip
van die neuspunt, buig dan terug en weer op
sag in die welwende bolip.

Soos 'n klein watergolf puil
die onderlip wat diep duik
terug na die ken met die klein kuil
en oorgaan in 'n volronde kaaklyn. 'n Kruik

is die hals. Daarvandaan langsaam
gaan die bors fyn uittas na die tuit
en golf na die buikstootjie terug geskaam.
Die lyn loop in die lang bobeen uit

in 'n effe boog wat stadig gestrek plooi
tot die sagte knieronding, terug
buig en oorgaan in die effense skeenboog, afglooi
af aarde toe tot in die ronde voetbrug.

Dit is soos die frontlyn golwend afstrek.
Agter van bo na onder
loop die ronde skedel af na die dun nek
en is daar 'n soepel wonder

van konvekse skouers, die rug se konkawe krul
af deur die vlesige boude, die dye en kuite se swel.
… Tussen die baie dwalinge só vervul
bewaar sy die getroetelde model

van die kurwe, die diep ingebore istinto
wat neig in die ronding van die appel
of die haai en die leeu of die koedoe
se grasie en in haar entelegiese sublieme lynwil.

T.T. Cloete

Silhouette of Beatrice
Dante Par. I: 112–114

Frontally from the forehead
the curve slips into the refined tilt
of the tip of the nose, turns back and up again
softly into the arching upper lip.

With a wavelet's swell
the lower lip dives deeply
back to the dimpled chin
and the rounded jaw. An urn

is the throat. Languidly from there
the chest reaches out to the delicate tip
and turns inward over the belly, alluring and shy.
The line sweeps down the long thigh

in a gentle curve that slowly stretches folds
into the softly rounded knee, moves
back and becomes the elongated shin, sloping
earthwards in the arched bridge of the foot.

That is how the front line curves downwards.
From above the rounded skull behind
the line runs into the slender neck
and becomes a supple miracle

of convex shoulders and concave back, curling
down over fleshy buttocks, swelling thighs and calves.
... In these straying lines, in this fulfilment,
is preserved the treasured mould

of the curve, the deep inherent *istinto*
of the rounded inclination in the grace
of the apple or the shark and the lion or the kudu
and in her sublimely entelechic line.

(From: *Idiolek*, Tafelberg Publishers, 1986)
(Tr. by Heilna du Plooy)

mooi marilyn monroe foto in rooi

(Foto van Tom Kelly, Los Angeles, 1949)

Dante Par I: 118 - 120
Ne le sue braccia mi parea verdere una persona dormire nuda,
salvo che involta mi parea in uno draapo san-guigno leggeramente …
Dante: *Vita nuova*

sy lê diagonaal
op 'n plooi
op plooi fluweelrooi
kleed somaties geniaal

haar huid kyk
het van rosig tot sag
blosend tot teer gesproet soos die vag
van 'n abessynse kat diep tyk

sy is gemoduleerde lug
wynrooi sag golwend asof
van diep binne uitgepof
holrug asof sy elasties dans of ekstaties vlug

die lewende omtrek
tref dié nofret
met haar silhoeët
fundamenteel perfek

'n fenomeen
liefderyk
deur 'n lenige volmaakte vinger gestryk
skrander van skedel tot skeen

red photo lovely marilyn monroe
(Photo: Tom Kelley, Los Angeles, 1949)

Dante Par. I: 118 - 120
Ne le sue braccia mi parea vedere una persona dormire nuda,
salvo che involta mi parea in un drappo sanguigno leggeramente ....
Dante: *Vita nuova*

she lies diagonally
on a crease
on creased velvet red
somatically clothed in genius

her skin shaded
in tints of rose to a soft
blush to freckles delicately deep teak
like the fur of an abyssinian cat

she is modelled air
wine red gently curved as if
puffed up from deep inside
arched back as if in elastic dance or in ecstatic flight

the living circumference
touches this nofret
with her silhouette
fundamentally perfect

a phenomenon
tenderly
caressed by a perfect lissome finger
sagacious from skull to shin

(From: *Idiolek*, Tafelberg Publishers, 1986)
(Tr. by Heilna du Plooy)

brief

ek sit hier in die tuin en skryf
vir jou
hoe feestelik kan die alledaagse wees

die bome staan beskermend naby my

daar's lelies in die vywers

lieflike vinkklein
kunstenaars bou neste vlak
hier voor my bo die water

hoe klein kan dit wat feestelik is tog wees

twee duiwe lê hier naby op die gruis
skeef op die sy

een vlerk staan oopgewaaier óp
'n vlag wat stol om warm waterstof en helium
van veraf toe te laat om in die vere in te syfer

al is die son soos ons al oor sy middeljare

dis lente en die lig skroei liggies
op my huid

ek weet dat jy verjaar vandag

vroegdag het julle twee ek raai dit maar
net soos vanouds gaan sit en koffie drink
daar by die skoongeskropte knoetsige ou tafelblad

mooi in die middel van die groot opstal
se eetvertrek-kombuis
wat uitloop op die stoep en tuin en plaas

letter

I'm sitting here in the garden writing
to you
how festive the everyday can be

the trees stand shelteringly around me

there are lilies in the ponds

lovely little weaver
wonder workers build nests
right in front of me over the water

how very small can what's festive be

two doves lie near at hand
sidled sidelong in the sand

one wing fanned up open
a freeze-frame flag to permit warm nitrogen
and helium from far to seep into the feathers

even though the sun like us has passed his middle years

it's spring and the light lightly
scorches my hide

I know it's your birthday today

at first light you two I'm just guessing
as of old sat down to coffee
at the old scrubbed-clean knotty tabletop

square-centre in the living-room-kitchen
of the big homestead
opening onto the stoep and garden and farm

veraf hoor ek die dorp
se kamers waar die son verplaas is
deur die lig gevang in kabels en in glas
van dié wat afgeleer het om te leef
ter wille van die leef

vry in die oop landskappe van die aarde
met sy grotte en sy jakkalsgate

hoe warm is die lug hier buite
tussen bome waar die vinke neste bou
en duiwe tergend een vlerk met die skerp punt
van die slagpen uitsteek na die son se geel ballon

as dit ontplof sal ons kan voel
hoe skud 'n duif se veer die sterre

drink koffie van ons land se soet mimosapitte
en vier die kuns hoe om te traag
te sloer in sirkels
soos die arende hoog bo ons berge en valleie

what a wonderful world

ek sien groen bome, rooi rose, blou
morning glory blom vir my en vir jou
en ek dink by myself hoe wonderlik
is alles beskik

ek sien blou hemele 'n helder dag
wit wolke en 'n heilige nag
en ek dink by myself hoe wonderlik
is alles beskik

die kleure van die reënboog is ingebrand
in die mense se oë, met 'n wuif van die hand
met 'n vriendelike gebaar
of soen, groet hulle mekaar

from afar I hear the town-bound rooms
where sun's been shunned
by light trapped in cables and in glass
of those who've lost the trick of living
for the sake of living

free in the open landscapes of the earth
with its caves and its lairs of jackal

how warm the air is here outside
between the trees where weavers build their nests
and doves teasingly stretch one wing with the sharp point
of the pen feather towards the yellow balloon of the sun

if it explodes we'll know
how a dove's feather can shake the stars

drink coffee of our country's sweet mimosa pips
and celebrate the art of lingering
of circular shilly-shallying
like eagles high above our valleys and our mountains

(From: *Onversadig*, Tafelberg Publishers, 2011)
(Tr. by Michiel Heyns)

what a wonderful world

I see trees of green, red roses, blue
morning glories bloom for me and you
and I think to myself
what a wonderful world

I see heavens blue a perfect day
white clouds above and a starry sky
and I think to myself
what a wonderful world

the colours of the rainbow are traced
in the eyes of the people, their hands are raised
in friendly greeting
of glad re-meeting

party staan stil, hou
mekaar vas en sê: hoe lief het ek jou

ek hoor en sien kinders lag
ek sien hulle speel, hulle word groot

wat 'n wonderlike wêreld wag
op hulle
            200 000 is toe die aarde skud dood
onder puin, 3 miljoen honger en dors en siek word
agtergelaat toe Port-au-Prince ineenstort

viool

> Yet, familiar as it is, the violin remains to a great degree
> acoustically inexplicable.
> No one understands completely how it works; it may well
> for ever hold its mystery as a marvel.
>   – (The New Oxford Companion to Music)
>
> The violin is the most perfect of musical instruments.
>   – (Helen Keller)

'n skaap se derms vir die snare

vir 'n strykstok
'n perd, 'n witte, se sterthare

'n boom van die egte
houtsoort, met die regte grein
en klank, spar of esdoring, peer of populier
en ebbehout, gom van dierehuide, met die regte
houding 'n atletiese fiks man
of 'n vrou met die regte postuur
en passie van vuur

some stand still, cling to
each other and say: how I love you

I hear and see children laugh
I see them play, they grow up

what a wonderful world
awaits them
                    200 000 died under rubble
when the earth shook, 3 million left in hunger and thirst and in pain
when Port-au-Prince came tumbling down

(From: *Onversadig*, Tafelberg Publishers, 2011)
(Tr. by Michiel Heyns)

violin

> Yet, familiar as it is, the violin remains to a great degree
> acoustically inexplicable.
> No one understands completely how it works; it may well
> for ever hold its mystery as a marvel.
>   – (The New Oxford Companion to Music)
>
> The violin is the most perfect of musical instruments.
>   – (Helen Keller)

a sheep's guts for the strings

for a bow
the hair from the tail of a horse, a white horse

a tree of the genuine
wood, with the right grain
and tone, spruce or ash, poplar or pear
and ebony, glue of animal hide, with the right
attitude a fit athletic man or
a woman with the right posture
and passion of fire

twee hees hande wat skrynend paar
op die viool

die sprakelose vioolmusiek wys alles
sedert dit begin het by 'n onbekende mongool
skaapderm en boom plus perdehaar
kom in die geheim
in 'n mensehart bymekaar

van die liefde wat vriendskap heet

wanneer 'n wintermiddag helder was
het ons 'n boot gehuur

diep in die middel van die dorp se dam
het ons gaan wieg

die son se stand
'n ligte bries en sagte kilte
het die water fyn gerimpel
tot 'n vreemde purper kleur

in stilte saam en sonder afspraak
het ons aan een droom geweef

soms het ons in die boot se buik gaan lê
en op ons rug gedraai
om ver bokant die helder lug sterre te soek

en een gekry
teen al ons dom verwagting in

dié wat net as dit donker is
vir ander oë flonker

daar het ons tot dit skemer word gewag

two hoarse hands poignantly paired
on the violin

the speechless music of the violin shows that
since it started with a nameless mongol
sheepgut and tree plus horsehair
all come together in secret
in the human heart

(From: *Onversadig*, Tafelberg Publishers, 2011)
(Tr. by Michiel Heyns)

of the love we call friendship

when on a warm winter afternoon
we rented a boat

we went and drifted
far in the middle of the town dam

the sun's angle
a light breeze and soft chill
stirred the water delicately
into a curious colour purple

together in silence without prior arrangement
we wove at a single dream

sometimes we lay down in the hull of the boat
and turned on our backs
to search for stars far above the clear-bright sky

and found one
against all our obtuse expectation

the one that for other eyes
only flickers when darkness falls

there we waited for the dusk

ons het die wit egrette dopgehou
wat spokig voor die nag wat kom
op lang dun riete aan kantwaters
kop bo water wieg

en motors wat op ver dor paaie kokkerot
vir wie gedigte wegwerplik is

die kontinente dryf langsaam en ongemerk
weg van mekaar per jaar in sentimeters

en tussen hulle groei die stille oseaan
al groter, 'n nuwe panthalassa

waar dryf jy nou

die digter wat in jou gewag het
soos 'n fetus in 'n vrou

wat het daarvan geword

of was dit veiliger om stil te bly

dalk is my soek-vra nutteloos
dalk dwaal jy reeds onkwesbaar
in die Anderkant

maar ek onthou jou nog na langer as 'n halwe eeu
jy is 'n wond in my wat weier om gesond te word
en ek verlang nog steeds na jou soos jy tóé was

'n digterlike bloot jong man

hoe swik die liefde wat ons vriendskap noem

we watched the white egrets
that ghostlike before the coming night
rocked on long thin reeds by water's edge
head above water

and cars cockroaching on far dry roads
that find poems redundant

continents drift slowly and surreptitiously
from each other in centimetres per year

and between them the silent ocean grows
and grows, a new panthalassa

where are you drifting now

the poet waiting inside you
like a foetus in a womb

what came of it

or was it safer to remain silent

perhaps my question-quest is pointless
perhaps you are already wandering invulnerable
in the Beyond

but I still remember after more than half a century
you are a wound within me that just won't heal
and I miss you still as you were then

a poetic mere young man

how succumbs the love we call friendship

(From: *Onversadig*, Tafelberg Publishers, 2011)
(Tr. by Michiel Heyns)

Hande

sou daardie hande wat saans
ons kinders ingepapie het in hul komberse
gestreel het oor my tranerige wange
wat sondae die gesangboek ferm oopkraak
werklikwaar 'n man kan verwurg
sou daardie hande wat 'n ou moeder
ondersteun teen die trappies af
'n rewolwer aftrek teen 'n man se slaap
wat bly oor van 'n huwelik
as histeriese vroue in kopdoeke
jou man se naam uitsis oor die televisie
ou vrinne jou die rug toekeer voor die kerk
die stoutgatkinders van verveelde buurvroue
jou kinders uitkryt vir melaatses
vannag as my man teen die donker
sy hande om my vou
ruik ek die harslag onder sy vingernaels

Oproep

dryf hulle uit
die spul bleek wurms wat alles in hul pad opvreet

toe die vliegtuig met die goewerneur en sy gespuis
gevlug het met hulle sakke vol van die laaste buit
moes ook hulle fokkof

my maag is leeg

by hulle agter ommuurde vensters muf
die brood op die tafel
soos 'n vetgevrete wurm geel etter uitpuil

70

Marius Crous

Hands

could those hands that every evening
cocooned our children in their blankets
stroked my tear-stained cheeks
cracked open the hymn book firmly on sundays
actually strangle a man
could those hands that support
an old lady down the steps
pull a revolver against a man's temple
what remains of a marriage
if hysterical women in head scarves
hiss your husband's name on the television
old pals turn their back on you in front of the church
the snotty kids of bored housewives
revile your children as lepers
tonight as my husband clasps his hands
around me against the dark
I smell the viscera under his fingernails

(From: *Brief uit die kolonies*, Protea Book House, 2003)
(*Tr. by Tony & Gisela Ullyatt*)

Summons

chase them away
that lot of pale worms gorging on everything crossing their path

when the plane bearing the governor and his rabble fled
with their sacks filled with the last loot
they also had to fuck off

my stomach is empty

at their walled-in windows the bread
goes mouldy on the table
like an engorged worm oozing yellow pus

as mens hom trap só sal ek hulle vertrap
hul pense met my panga oopkap hul koppe laat rol
oor die vloer   my gesin kan doen met 'n groter huis
terwyl ons kinders saamkoek sterf in shacks
sit hulle in hul mansions 'n kind per vertrek sommiges selfs leeg
maak tuin op 'n stuk grond groot genoeg vir 'n kleinboer
hoor hoe plas die swembad
drink tee uit silwerservies byt in fyngebak
terwyl die honger oë deur die heining loer

dryf hulle uit
lê hulle voor
sny keelaf
verkrag hul vroue en dogters
vergif hulle honde
kruip saans uit soos kwylende hiënas
in die donker nader groen mambas doodstil oor netjiese grasperke
smeer die kamers met die bloed van die indringers
offer hulle grootoogkinders aan die rewolusie
waar die kapokhennetjie slaap teen die gladde luislang
word die rus versteur

Om jou te eet

Using a knife and fork [during sex] is considered bad manners
   – Appleby

om jou te eet
geen mes of vurk
begin by die oë
uit-*pop* en afsuig
die perlemoen van jou taai oorskulpe
die sagte vleisies van jou lippe
knaagplek soek in jou nek
jy wil hê
ek moet jou tepels knibbel
maag oopskeur en binnegoed uitruk
en afsluk met 'n glasie cabernet
ek moet jou penis

when someone treads on it so will I trample them
chop open their maws with my panga let their heads roll
across the floor   my family could do with a bigger house
while our children huddle together, dying in shacks
they sit in their mansions a child per room some even empty
gardening on a piece of land big enough for a smallholder
listening how the swimming pool splashes
drinking tea from a silver tea service biting into pastries
while hungry eyes leer through the fence

chase them away
waylay them
cut their throats
rape their women and daughters
poison their dogs
creep out at night like slobbering hyenas
closer in the dark green mambas deadstill on neat lawns
smear the rooms with the intruders' blood
sacrifice their wide-eyed children to the revolution
where the bantam hen sleeps against the slick python
the peace is shattered

(From: *Brief uit die kolonies*, Protea Book House, 2003)
(Tr. by Tony & Gisela Ullyatt)

To eat you

Using a knife and fork [during sex] is considered bad manners
– Appleby

to eat you
no knife or fork
start with the eyes
pop them out and suck
the abalone of your tough earlobes
the soft flesh of your lips
searching your neck for a place to gnaw
you want
me to nibble your nipples
tear open your belly wrench out your innards
and swill them down with a glass of cabernet
I must save your penis

vir poeding hou
die *baby batter* van jou balle
op beskuitjies smeer
moet ek dikgevreet indommel
teen jou lyf
jou sappe en souse nog blink om my bek

sê net wanneer!

Ted

I don't mean that I shall become a public shrine of mourning and remorse …
– Ted Hughes in 'n brief aan Aurelia Plath, 15 Maart 1963

swaar sou hy sluk
aan sy smartpraatjies
asof profeties
dis uit die stigmata
van sy gasgevulde vrou van fitzroy rd
wat die feministe
hulle penne sou volsuig
in die vliesige oë
van sy minnares en kind
soek na die ongetemde god

Gaia

gaia wees ons genadig
in hierdie uur van die vlieënde swyn
laat die aarde soos 'n bol mukus
afgesluk word in die oesofagus
van die heelal
gee tog net dat ek nie die een gaan wees
wat alleen uitkyk oor 'n atavistiese landskap na die reën
piscine patel speel met wilde diere
wat hier kom opkrul en uithol
sodat ek moet uitskei met 'n tier wat gluur vanuit my bad

for pudding
spread the baby batter of your balls
on crackers
I must doze off gorged
against your body
your juices and sauces still glistening on my chops

just say when!

(From: *Aan 'n beentjie sit en kluif,* Protea Book House, 2006)
(Tr. by Tony & Gisela Ullyatt)

Ted

> *I don't mean that I shall become a public shrine of mourning and remorse ...*
> – Ted Hughes in a letter to Aurelia Plath, 15 March 1963

he would endure
his tales of woe badly
prophetically as if
from the stigmata
of his gas-filled wife in fitzroy rd
the feminists
would fill their pens
in the filmy eyes of his mistress and child
searching for the savage god

(From: *Vol draadwerk*, Protea Book House, 2012)
(Tr. by Tony & Gisela Ullyatt)

Gaia

gaia have mercy on us
in this hour of the flying swine
let the earth be swallowed
like a gob of mucus down the oesophagus
of the universe
let it be that I am not the one
looking out alone over an atavistic landscape at the rain
piscine patel plays with wild animals
that come here to curl up and dash about
so that I must call it a day with a tiger leering from my bath

dat ek tog net nie opgeskeep sit met figuursaagmensies
hul vleis reeds afgevreet deur suurreën
sodat ek die skedels en die slyme moet saamraap
net dat ek tog nie die een gaan wees
wat alleen deur 'n dendrietwoud strompel
gaan skuiling soek onder 'n klomp klippe
met die kakkerlakke vir kamerade
gee tog asseblief net
dat ek van die eerstes sal wees
wat soos 'n ingesoute slak
reg gaan staan vir die trap van die naaste stewel
stoot dan maar die vleisvreetkieme in my lyf in
laat my uithol soos 'n saggekookte eier

so that I am not burdened with cut-out figures
their flesh already eaten away by acid rain
so that I must scrape together the skulls and slime
so as not to be the one to
hobble alone through a dendrite forest
searching for shelter under a mound of rocks
with cockroaches as comrades
please let it be that
I will be one of the first
that like a salted slug
prepares for the tread of the nearest boot
then just fill my body with flesh-eating germs
let me be scooped out like a soft-boiled egg

(From: *Vol draadwerk*, Protea Book House, 2012)
(Tr. by Tony & Gisela Ullyatt)

My woorde is klippe

My woorde is klippe: party glad
wat rol van die tong, ander plat
of met skerp kante. Implemente.
My woorde berg diamante,
diertjies & plante, my woorde
bewaar die stadige aanwas
van kontinente. Kloof een
& 'n ammoniet varing
oop, 'n gesternte, 'n taal.
My woorde bestaan al
van voor die geboorte
van die melkweg,
in die sterstof van die oerknal.

Kruisvaart

Een blakende midsomerdag
in die bus na die Vatikaan:
gesonde somerhuide, blink-
geboende skouerknoppe,
arms glansend kaal & rond,
bruin voete in oop sandale,
sweet 'n bidsnoer tussen tepels:
die reis van duiwe & rose
een middag na die Vatikaan.

Buite blaak die Latynse lug
'n verbleikte erdebord,
& suile wat al eeue staan
bewe onvas in die hitte.
Reisigers inkanteer toe-oog
die fel hooglied

Johann de Lange

My words are rocks

My words are rocks: some smooth
rolling off the tongue, others coarse
or with sharp edges. Implements.
My words conceal diamonds,
tiny animals & plants, my words
preserve the slow progress
of continents. Split one
& an ammonite unfurls,
a constellation, a tongue.
My words existed long before
the birth of the milky way,
in the stardust of the big bang.

(From: *Judasoog*, Human & Rousseau, 2010)
(Tr. by the author)

Crusade

One burnished midsummer day
in the bus to the Vatican:
healthy summery skins, shiny
polished shoulder blades,
arms glossy, naked & round,
brown feet in open sandals,
sweat a rosary between nipples:
the way of doves & roses
one midday on the way to the Vatican.

Outside burns a Latin sky
like a faded ceramic plate,
& columns that have stood for ages
are shimmering mirages in the heat.
Travellers soundlessly chant with eyes shut
the fierce song of songs

van die lyf in die sinagoge
van smal stegies
op pad na die ver Vatikaan.

In die bus oorkant jou
sit 'n jong Romein wydsbeen;
julle voer die woordelose
gesprek, wissel gedagtes
soos verstyfde marmer.
By jou voete in 'n ou reissak:
jou Nikon & 'n kitsch Christus
toegedraai in blink sellofaan.
Immer onderweg na die ver Vatikaan.

Soldaat

Aanskou die mens:
gevaarlik, ingegrens,

beleër, van kop
tot tenger skeen

'n vreesaanjaende gesig.
Die hand, die smal gewrig,

lanseer die bajonet,
& in die bibberlens

val makkers neer,
stede smeul, gefusilleer.

Die kop, die fyn breinkas,
is ingehelm & beskut,

die hart in sy ribbekas
markeer getrou die pas,

of the flesh in the synagogues of
narrow alleyways
on the way to the Vatican.

In the bus opposite you
a young roman with legs spread;
you carry on the wordless
conversation, sharing thoughts
like stiffened marble;
at your feet in an old travel bag,
your Nikon & a kitsch Christ
wrapped in cellophane.
Ever on the way to the Vatican.

(From: *Judasoog*, Human & Rousseau, 2010)
(Tr. by the author)

Soldier

Behold man
dangerous, confined,

beleaguered, from head
to tender heel

an awe-inspiring sight.
The hand, the narrow wrist,

launches the bayonet,
& in the trembling lens

fellow soldiers fall,
cities smoulder, fusilladed.

The head, the delicate chamber,
helmeted & hooded,

the heart in its ribcage
faithfully keeps the pace,

taai vlegsel van die torso
is koeëlvas,

selfs die sagte voet
is swaar, die soet

hakskeen in stewels
bewaar.

Kan hy bloei?
Is hy vry? geboei?

dié gepantserde
soldaat?

En waarom wil hy pal
'n nekropolis binneval?

Dood van James Dean (1931–1955)
fata morgana

Die silwer beseerde metaal
bloei oor die teer. Romp oop-
geruk. Roggel hortend
deur die oopgeskeurde gorrel.
Nek geknak. Ribbes gekraak.
In die silwerende skemer
was hy 'n snel grys fantoom,
die eggo van 'n klank.
Nooit weer sal hy heel-
temal so geheel & al
afwesig wees nie.
Dood is 'n harde ding
om te verstaan: 'n skielike
obstruksie waarom sy chroom-
sagtheid buig, 'n muur
waarteen hy tromp-

tough coil of the torso
bulletproof,

even the soft foot
is heavy, the sweet

heel in heavy boots
shielded.

Can he bleed?
Is he free? cuffed?

this armoured
man?

Then why is he constantly
invading a necropolis?

(From: *Judasoog*, Human & Rousseau, 2010)
(Tr. by the author)

Death of James Dean (1931–1955)
fata morgana

The silver injured metal
bleeds across the road. Trunk rip-
ped apart. Rattles throttling
from the torn throat.
Neck snapped. Ribs cracked.
In the silvering twilight
he was a quick grey phantom,
the echo of a sound.
Never again will he be every
bit so wholly & total-
ly absent.
Death is a hard thing
to understand: a sudden
obstruction around which his chrome-
softness bent, a wall
against which he point-

op frommel & vou
soos 'n pakkie sigarette.
Dit was 5.45 toe die Dood hom
verbysteek met die son
wat ondergaan in sy oë,
& "crazy mixed-up kids" na die droom
op soek, staar steeds na die wrak
op die flikkerende silwerdoek.

Twee matrose wat pis

na 'n akwarel van Charles Demuth

swaar penis-houdende matrose
selfs swaarder as dié teen die mure
van Pompeji pissende
met soet engelagtige gesigte
mikkend met sterk gewrigte
twee helder vloeiende figure
lopende water of bogende vuur
donkerblou uniforms
teen die bruin-van-die-muur
deursigtige spieëlings
van die middaguur
waarvan hulle deel is
bruisend-pissende matrose
dat soveel water dat twee
watermans soveel vuur kan hou
– die koue as van Pompeji
getuig van wat was –
dat hulle as't ware pis
op smeulende ruïnes
'n nat vlam is op dié papier

blank crumpled & creased
like a packet of smokes.
It was 5:45 when Death over-
took him with the sun
setting in his eyes,
& "crazy mixed-up kids" seeking
the dream still stare at the wreck
on the flickering silver screen.

(From: *Judasoog*, Human & Rousseau, 2010)
(Tr. by the author)

Two sailors pissing

after a watercolour by Charles Demuth

heavy dick-holding sailors
thicker even than those
on the walls
of Pompeii pissing
with sweet angelic faces
aiming with strong wrists
two clear flowing figures
running water or arching fire
dark blue uniforms
against the brown-of-the-wall
transparent reflections
of the noon hour
which they are a part of
two foam-pissing sailors:
that so much water,
that such water-men,
can hold such fire
– the cold ashes
of Pompeii testify to this –
that they as it were piss
on smouldering ruins
a wet flame on the paper

(From: *Judasoog*, Human & Rousseau, 2010)
(Tr. by the author)

Kandahar, Irak

vir Judith Mason

In Kandahar dra die bome granate
wat pittig rooi lag in die son;
op straat blom hulle aan jong soldate
met monde wat geluidloos skree.

Teen skemer as die kandelare brand
in woonbuurthuise & moskees
staan troepe by die kamphek wag
waar die mooi Irakkees, sy tande

'n wit groet, in smal, koel hande
soet granate uithou, wat heling is vir vlees.

Kandahar, Iraq

for Judith Mason

In Kandahar the trees wear grenades
splitting open red in the harsh sun;
on the streets they flower on young soldiers
like mouths screaming without sound.

At dusk as thin candles are lit
in residential houses & mosques
troops stand guard at the gate
where a handsome Iraqi, teeth

a white greeting, in cool slender hands
offers sweet pomegranates healing flesh.

(From: *Vaarwel, my effens bevlekte held*, Human & Rousseau, 2012)
(Tr. by the author)

*

dat sy langs jou lê en slaap, nee,
anders gestel: dat die slaap in haar
uitgestrek lê terwyl die dag

soos 'n hond onder die deur
na julle toe snuif, nee, anders gestel:
terwyl die dag buite die venster

luier, nee, anders gestel: die venster
as die patryspoort waardeur julle
uitkyk op die see, die wye horison

terwyl sy nog slaap en jy reeds
wakker is, nee, anders gestel:
die uitkyk op die dobberende lig

nee, anders gestel:
die onmeetlikheid van stilte
terwyl sy onbevange

na jou toe neig

Vlinders

En reën lê roes in die oë van kinders
wat met uitgestrekte hande staan langs
die stoomgeur van teer
en die reën slaan asem weg, die asem van wind
en gedagtes aan bome langs die strate
en winkelvensters stal die ware van begeerte uit
met skrapsgeklede poppe
en die tooisels serp en stilte in die bevrore posisie
van reën wat roes lê in die oë van kinders
en motors luier die afstand

Louis Esterhuizen

*

that she lies beside you, sleeping; no,
put differently: that the sleep inside
her lies, stretched out, while the day

like a dog sniffs under the door
towards the two of you; put differently:
while the day outside the window

idles; put differently: the window
as a porthole through which you both
look out over the sea, the wide horizon

while she's still asleep and you are
already awake; put differently:
the view, looking out at the bobbing light;

put differently:
the measurelessness of silence
while she, detached, inclines

towards you

(From: *wat die water onthou*, Protea Book House, 2010)
(Tr. by Charl J.F. Cilliers)

Butterflies

And the rain leaves rust flecks in the eyes of children
standing with outstretched hands beside
the steamy smell of tar
the rain sweeps breath away, the breath of wind
thoughts of trees alongside the streets
shop windows display the wares of desire
with scantily clad dummies
the trinkets scarf and silence in the frozen position
of rain that leaves rust flecks in the eyes of children
while cars idle across the intervals

tussen robotte af, verby
die skrams skuilte, die bushalte, die afdak
waaronder die kinders bondelsit
en kyk die wind, die gedagtes, die bome, die strate
die plastiekbottel gom die aangee
die snuif, die losraak van lyne kleur, die losraak van vorm
die ritme van water deur gedroomde vensters
die leë hande
om die bottelnek dagga, die spel op die museum
se trappe: Simson weereens tussen sy pilare
weereens die leeu as karkas
in die stegies, die raaisel van soet
en in 'n agterkamer iewers die matras op die vloer
die meisie met haar oë eenkant toe
weggelê
die skraal lyf van begeerte, die tepeltjie bors
die donkerder vermoede van hare
die spleet waarop gebukkend die man
hom met 'n paaiwoord rig
die reën, die reën, die reën
die stoomgeur van teer
en die reën slaan asem weg, die asem van wind
en gedagtes aan bome in die strate
gedagtes aan die vlinder
se blinde vlug deur die roesoë
van kinders

*

Teen die hoogte van ons begeerte
staan dié huis met sy stadige vensters
waaragter al die ruimtes

van ons bedryf na mekaar toe
vloei. Met alle mure waterpas op mekaar
gerig, word selfs die kleinste
versugting hier wel gehoor, want hier
woon ons, en hier het ons lief: So blyk dit
die adres van ons samesyn

between traffic lights, past
the scant shelter, the bus stop, the lean-to
under which, bunched up, the children sit
and look: the wind, the thoughts, the trees, the streets
the plastic bottle of glue passed round
and sniffed, unravelling of lines of colour, of form
the rhythm of water through dream-imagined windows
the empty hands
round the bottleneck crammed with dagga, the game on the steps
of the museum: Samson once more between his pillars
the carcass of a lion
in the alleyways, the riddle of sweetness
in a back room somewhere the mattress on the floor
the young girl with her eyes averted
spread-eagled
the scrawny body of desire, nipple-studded chest
the darker intimation of hair
the slit over which a man is stooping
with a word of comfort
the rain, the rain, the rain
the steamy smell of tar
the rain sweeps breath away, the breath of wind
and thoughts of trees alongside the streets
thoughts of the butterfly's
blind flight through the rust-flecked eyes
of children

(From: *Liefland*, Protea Book House, 2004)
(Tr. by Charl J.F. Cilliers)

*

On the heights of our desire
stands *this* house with its leaden windows
behind which all the spaces

of our activities flow towards
one another. With all the walls aligned
even the tiniest wish
or sigh is sure to be heard, because
here we live and here we love: So it proves
to be the address of our

te wees. Om daagliks by gedekte tafels
aan te sit, met silwer gerei en kristal
die verloop van tyd te vurk

terwyl ons 'n laaste heildronk drink
op die watervrye uur toe ons vir 'n wyle
oorgelewer was

aan 'n drywende huis
waar ons saam alleen kon wees
voor ons alleen is.

Ode aan die deur

By die ingang, uitgang, sygang –
oraloor, by die voorkant
in, sydelings of agter uit, as toegang
tot al die ruimtes van gang:
die deur.

En die deur open op vertrekke
wat uitloop op die oopgelate deure
van agterkamers en ons loop
deur deure van hout, staal of glas –
enkeldeure, dubbeldeure, skuifdeure
of geheime deure, verbode deure
sonder sleutel of greep.

Uiteindelik, wanneer die stok
daarteen tik, die deur aan die bopunt
wat oopkraak, die deur van jou
droom, die deur wat almal vrylaat

die deur wat inperk, toesluit, bewaar –
gegraveerde deure, toegespykerde deure
traliehekke (deursigtig soos deure).
Aan die einde van die tyd
die deur

intimacy. To sit each day at tables
set with silverware and crystal and fork
away the passage of time

while we raise our glasses in one last toast
to the free watery hour when we, for a while,
were at the mercy

of a house afloat
in which together we could be alone
before we are alone.

(From: *Sloper*, Protea Book House, 2007)
(Tr. by Charl J.F. Cilliers)

Ode To A Door

At the entrance, exit, through the side –
everywhere, in at the front,
out through the side or the back, as access
to all spaces of coming and going:
the door.

And the door opens into rooms
that give access to doors of back rooms
left ajar as we walk
through doors of wood, of steel, of glass –
single doors, double doors, sliding doors
or secret doors, doors that are off limits,
with no key or doorknob.

Finally, when the stick
taps against it, the top of the door
that creaks open, the door of your
dream, the door that sets everyone free

the door that confines, locks up, protects –
doors ornamentally engraved, doors nailed shut
trellis gates (transpicuous as doors).
At the closing time
the door

oopgelaat vir die nag
om sterre binne te laat, die deur
wat van jóú 'n deur maak, smal of wyd.
En ek loop jou deur of loop
deur jou na die oorkant, anderkant

dit wat moontlik is verby —
my oomblik met jou in hierdie
tydskarnier

wat uiteraard eensaam is.
Soos 'n deur.

akwarel

dat die papier se grein vorm gee
aan die vloei van kleur: jy herken
'n boom hier, 'n sonvlek daar
voor jy selfs nog weet van berge

verder agtertoe: spatsels kleur
tussen die vloeiings tak en blaar,
die blomtapyt in die voorgrond
waarmee die papier verwater

tot dit is wat dit wel wil wees —
die gestolde vloeipatroon

van water
wat verdamp het

en nou bewaar word
agter droë glas

left open for the night
to let the stars come in, the door
that makes of you a door, narrow or wide.
I walk round in you or walk
through you to the other side, beyond

whatever is deemed possible –
my moment with you in this
hinge of time

which of itself is lonely.
Like a door.

(From: *Sloper*, Protea Book House, 2007)
(Tr. by Charl J.F. Cilliers)

aquarelle

that the grain of the paper gives form
to the flow of colour: you discern
a tree here, a smudge of sun there
before ever you knew about mountains

further back: splashes of colour
between flowages of branch and leaf,
the flower carpet in the foreground
giving the paper a watery sheen

till it is what it wants to be –
the congealed flow pattern

of water
evaporated

to be now preserved
behind dry glass

(From: *wat die water onthou*, Protea Book House, 2010)
(Tr. by Charl J.F. Cilliers)

Weerkaatsings

Stad van lig en water. Van ruimte, lig en water.
Stad – op pilare gebalanseer – wat kniediep
in eie refleksies bly staan. Stad van brûe en kanale.
Van fietse, brûe en kanale.
Stad met 'n linie van huise teenoor mekaar
opgestel: vensters wat noodberigte
na mekaar toe
kaats –

Stad van lig en water. Van bome, lig en fietse.
Stad met kerktorings sonder klokke, bome
sonder voëls. Waar is jou musiek? Die musikante
op die Leidseplein: wat het geword,
waar is hulle dan nou? Al wat hier te hore is,
saans, is fietse wat nooit ophou
klingel nie –

Stad van lig en water. Van stilte, lig en sirkels.
Stad – om kerke genetwerk – wat dromerig
in name bly naklink: *Damrak, Spui* en *Amstelveen.*
Nieuwmarkt en *Oude Schans*. Gelate,
soos die stem wat haltes
aankondig op 'n tram. Stad van
blomme, ruimte
en geur –

Soos 'n klip deur water sink jy
deur die geheue stadig
ondertoe, na dieptes wat jy helaas
selde indien ooit
reflekteer

in jou moeë spieël van mis
en verbeelde vloei.

Reflections: Amsterdam

City of light and water. Of space, light and water.
City – balanced on pillars – that keeps standing
knee-deep in its own reflections. City of bridges, canals.
Of bicycles, bridges and canals.
City with lines of houses, facing
each other: windows sending distress
calls to one
another –

City of light and water. Of trees, light and bicycles.
City with church towers devoid of bells, trees
without birds. Where is your music? The musicians
on Leidse Square: what has happened,
where are they now? The only sound audible here,
of an evening: bicycles that never stop
tinkling –

City of light and water. Of silence, light and circles.
City – a network round churches – that dreamingly keeps
reverberating in names: *Damrak*, *Spui* and *Amstelveen*,
Nieuwmarkt and *Oude Schans*. Resignedly,
like a voice proclaiming
tram stops. City of
flowers, space and
fragrance –

Like a stone in water you sink
slowly through memory,
descending to depths which, alas,
you seldom if ever
reflect

in your tired mirror of mist
and imagined flow.

(From: *Amper elders*, Protea Book House, 2012)
(Tr. by Charl J.F. Cilliers)

as my naam sheamus was

as my naam sheamus was
het woorde soos varings onverwags
van my vingers gespruit

en donker metafore van
aartappellande en
mosbegroeide kerke oor my
wange gestoppel. ek sou 'n
kruis op my regter-bo-arm laat

tatoeëer, en 'n spesiale
band met maria magdalena
koester kyk sy fluister verse

soos lower
teen die heliks van
my oor sy fluister ook my
naam sheamus sê sy
sheamus

(ii)

in meer as net 'n vae moontlikheid
is daar 'n parallelle wêreld waarin ek wegraak
om weer te kan verskyn aan die kant van 'n groot meer
(drenkeling; afgesonderde wederkoms)

daar bly ek in 'n hut, in sneeu van die winter, 'n hart
so eensaam soos die gladde vlug van frisbees
in 'n park. ek voel jou swem
(eerste vlae van herfs; gewig-
loos soos lig wat van die water reflekteer)

Gilbert Gibson

if my name was sheamus

if my name was sheamus
words would sprout like ferns unexpectedly
from my fingers

and dark metaphors about
potato fields and
moss-covered churches would stubble
across my cheeks. i would
tattoo a cross

on to my upper right arm, and cherish
a charmed bond with mary magdalen
look she whispers verse

like verdure
against the helix of
my ear she also whispers my
name sheamus she says
sheamus

(From: *Kaplyn*, Tafelberg Publishers, 2007)
(Tr. by Marcelle Olivier)

(ii)

in more than just a vague possibility
there is a parallel world in which i disappear
able to emerge again on the banks of a great lake
(the drowned; secluded return)

there i stay in a cabin, in snow from the winter, a heart
as lonely as the smooth flight of frisbees
in a park. i feel your swimming
(autumn's first gusts; weight-
less like light reflecting from the water)

'n wind oorheen maak golwe, die meer en jy
gelyktydig gekabbel tot skuim en sproei.
ek loop om al dié
soos 'n huron om 'n cabin, ligvoets
een met bome en dit daarom (donkermaan; gewig-
loos soos oomblikke uit die grond)

ons bemin in oopte
(geheim: lig op 'n eiland snags veraf sigbaar)

en dan is daar my vingers wat glip
oor die brug van jou neus
(ooglede afgedruk; verdrink)

reguit is die horison van water
in die meer as 'n vae moontlikheid
('n hut van hout: die kyk van yster)

iewers roep 'n voël
(hadida; kaapse fisant)   luister

lamentasie (ii)

welgeluksalig is die wat van die veronderstelling uitgaan
dat alles, ja alles, beter sal word;
diegene van wie die hart van skone skok
in winterswem wil-gaan-staan.
welgeluksalig die wat die reuk van rooigras
as simbool van beterwete onthou,
wat dié gras tussen ander halms kan herken.
welgeluksalig die wie se asem van trappe klim opraak,
naelbyters, angstiges, die wat vroeg soggens wakker word
en nie verder kan slaap nie. welgeluksalig
die wat met hand skrywe, sampioenplukkers,
horlosieversamelaars, die wat onnodig bang of verlang:
twee vir 'n stuiwer; die binneste donkerte.
welgeluksalig die wat in vliegtuie vaak raak,
die wat ly aan roomyshoofpyn, oë
soos bloedgestude plasse in die gesig

across the way a wind makes waves, the lake and you
simultaneously rippled to foam and spray.
i walk around all of this
like a huron around a hut, one
with trees, nimble with terrain (darkmoon; weight-
less like moments from the earth)

we love in the open
(secret: light on an island visible from afar at night)

and then there are my fingers slipping
down the bridge of your nose
(eyelids depressed; drowning)

a vague possibility, the horizon of water
straightens out the lake
(a cabin made from wood: the bore of iron)

somewhere a bird call has risen
(hadida; cape pheasant)   listen

(From: *oogensiklopedie*, Tafelberg Publishers, 2009)
(Tr. by Marcelle Olivier)

lamentation (ii)

blessed are those who start from the premise
that everything, yes everything, will get better;
those whose hearts will-want-to-stop
bewildered by the shock of a winterswim.
blessed those who recall the scent of kangaroo grass
as a symbol of better judgement,
from a gathering can pick out this very helm.
blessed those who lose their breath climbing stairs,
nail-biters, the anxious, those who wake up early in the morning
and cannot go to sleep again. blessed
those who write by hand, mushroom-pickers,
watch-collectors, those with needless pine or panic:
two for a penny; the innermost dark.
blessed are those who get sleepy in airplanes,
those who suffer from brain freeze, eyes
like bloodbound pools sunk into the face.

welgeluksalig die wat bemin
met 'n mond vol gif, in drome vry
is die geluk so gelede
soos 'n kwashaal op 'n skildery

f.

vra my iets oor die hemel.

ek antwoord breedvoerig en met gevoel

(maar wat ek eintlik bedoel
is dat vrede ver van welbehae staan

dat die verlede tot toekoms verword
dat almal doodgaan na die onsmaaklikheid van groei.

daar is 'n simboliese hart in verhouding tot asem
woorde keer die inplof van die keel.

taal is die uitgaanpunt van die dood. 'n luide stempel,
die laaste inkarnasie van bestaan

die omgang met ongeluk is arkaan.
onuitputlik is die instink om te wil verduidelik,

en verweef die hemelse ballingskap
met gare van goedgeloof.

vals is die plesier in kinderkuns
koorsagtig die postuur

uit die binnekant van 'n godbehoedons bmw.
jesus wink nes die aandster weer van ver.

die hemel dikteer
'n sakrale aandag

die lewe buite die graf is so banaal
soos 'n lewe buite letters

blessed those who love
with a mouth full of poison. joy
feels free in dreams to reminisce
a brushstroke on the canvas

(From: *oogensiklopedie*, Tafelberg Publishers, 2009)
(Tr. by Marcelle Olivier)

f.

ask me something about heaven.

i answer at length and with feeling

> (but what i really mean
> is that peace does not delight in
>
> the past degenerates into future
> that everyone dies after the unpleasantness of growing.
>
> there is a heart, symbolic in relation to breath
> words prevent the implosion of the throat.
>
> language is the wellspring of death. a ringing die,
> the last incarnation of being
>
> the dealings with misfortune arcane.
> unrelenting is the instinct to want to explain,
>
> enweaves divine banishment
> with the threads of faith.
>
> false is the pleasure in children's art
> feverish the posture
>
> inside a godsaveus bmw.
> jesus signals again, like the evening star, from far
>
> heaven dictates
> a sacral attention
>
> life outside of the grave is as banal
> as a life outside of letters

wat weggelaat word, is net so belangrik
soos wat aangestip is. die vyand is mens, ouers is 'n daad

van maatskaplike vermyding.
die geheue is 'n oerteks met veselryke oorsprong

die hemel beloof selfs 'n vertaling komplekse neurose
daar is geen inherente gevoel vir sneeu nie, en geloof

skiet meestal tekort, nes aartappels.
god is 'n skalpel, jesus is 'n lem.

die lyf 'n dodelike tuisland, donker hierdie nadering
na 'n land. bladerunner 'n totale oorgawe

aan taal en tyding, die woorde kom oor ons
soos die vlug van ruitersalf my kind

soos die aankoms van weersin en verset.
die lydende modus was die van vlakteverse.

in die eerste stilte, in plegtige ooreenkoms met die leser
lê die waarheid onhoorbaar, luister, voel)

dit is wat ek bedoel

hink

in omtrent die jaar van onse
negentien vyf
en sewentig of so het

op 'n reënerige vrydagmiddag
'n melktenker van die
middevrystaatsuiwelkoöperasie wat in die
spruit vasgesit het
oor my pa se bene gery

schalk die lorriebestuurder was angstigrig
vir my ma: tannie
moet nou nie skrik nie,

what is left out is as important
as that decreed. the enemy is human. parents a deed

of mutual avoidance.
memory is a palaeotext with fibrous origins

even in translation heaven promises complex neuroses
there is no inherent feel for snow, and belief

mostly falls short, like potatoes.
god is a scalpel. jesus a blade.

the body a deadly homeland. darkly this approach
to a country, bladerunner a surrender

to letter and language. the words my child
come over us like the fleet salve of mercury

like the advent of aversion and of strife.
the course suffered was foremost for plainverse.

within the first silence, in solemn agreement with the reader
lies the truth, inaudible. listen. feel)

that is what i mean

(From: *oogensiklopedie*, Tafelberg Publishers, 2005)
(Tr. by Marcelle Olivier)

hitch

in the year of our
nineteen seventy
five or thereabouts

on a rainy friday afternoon
a milktruck from the
central freestate dairy cooperation which was
stuck in the spring
drove over my father's legs

schalk the lorry-driver was somewhat anxious
for my mother: now auntie
you should not be frightened,

sê hy, en het hulle twee
met die kar en die handdoeke
en bloedbene winburg
toe gery en toe per ambulans
rooilig gesnel tot die

nasionale hospitaal in
bloemfontein, dieselfde aand
het ek in 'n kinderkrans-

konsert gespeel onder blindes
eenoog die saaier, onder leiding van 'n
paar tannies, en het ek
my voor dit alles verbeel en
geoefen 'n man uit gelykenisse

hy
loop
mank

nagjag

francis die babaseuntjie
slaap soos 'n swaeltjie onder sy komberse
hy haal asem in 'n nes van klei
hy maak 'n somer van
die sagte wind deur sy vlerke

soms skrik hy snags uit 'n droom van donker
diere sy wakkergil bloedstollend
in die woud waar 'n maan skyn
tussen figure op sy gordyne:
die ma s'n; myne

he says, and he drove the two of them
with the car and the towels
and the bloodbones to winburg
and then at speed by ambulance
redlight to the

national hospital in
bloemfontein. that evening too
i acted in a sunday school

play amongst the blind
one-eyed the sower under direction of a
few aunties, and i
imagined and practised it all
before this a man of parables

he
walks
with a limp

(From: *Kaplyn*, Tafelberg Publishers, 2007)
(Tr. by Marcelle Olivier)

night hunt

francis the baby boy
sleeps like a swallow under his coverings
he breathes within a nest of clay
he makes a summer from
the soft wind in his wings

sometimes at night he starts from a dream of dark
animals his waking cry blood-curdling
in the woods where a moon shines
between figures on his blinds:
the mother's; mine

(From: *Boomplaats*, Tafelberg Publishers, 2009)
(Tr. by Marcelle Olivier)

wit by

wat meer weet ek as die durende gedreun
jou wegwees draal seshoekselle uit bottende drome

    hoe stil is jy so stil so stil

in die vroemore vermoed ek jou wit koningin
in die wind vind ek jou in die heuningsoet wind

verloor ek jou skielik soos stilte
al wat bly is die songoud drade wat ek spin

teen die vergetelheid in – spyse uit die eter –
soetigheid uit die dromende dye

    hoe stil is jy so stil so stil

om en om jou soos goue koorde korf ek woorde
in my verbeelding verdra jy dit my blinde koningin

hier in ons domein van roes en heuningdou
sal alles stiller stom geliefde vrou

grotargeoloog

langsaamaan word ek troglodiet. ek haal vlakker
asem. oopoog bly ek in die donker wakker.
met sprietige ledemate leer ek luister
na die digte tekstuur van duister.
korsmos groei welig op my klam tong.
elke geluid van my lyf is 'n dowwe ghong
in die diep resonante holte van die grot.
binne my vloei grotwater helder sonder oorskot

Tom Gouws

white bee

what more do I know than the lasting drone
your absence lingers in hexagonal cells of burgeoning dreams

  how still you are so still so still

in the early morning I invent you white queen
in the wind I find you in the honey-sweet wind

I lose you as suddenly as silence
all that remains are the sun-gold threads I spin

against oblivion – sustenance from the ether –
sweetness from dreaming thighs

  how still you are so still so still

round and round you I weave golden cords of words
in my imagination you bear it my blind queen

here in our domain of rust and honeydew
quiescent beloved all will become stiller

(From: *Diaspora*, HAUM-Literêr, 1990)
(Tr. by Tony & Gisela Ullyatt)

cave archaeologist

steadily I become a troglodyte. my breathing
shallower. open-eyed in the dark I remain awake.
with antennaed limbs I learn to listen
to the dense texture of the gloom.
lichen grows lushly on my moist tongue.
every sound of my body is a faint gong
in the deep resonant hollows of the cave.
within me cave water flows clear without sludge

of afsaksel. op my kaal vel kondenseer
'n fyn sproeisel druppels. ek leer
langsamerhand die spelonk se lispeling:
die onsigbare web van kodetaal wat indring
en al sagter eggo in die holtes van my kopbeen.
ek word versigtig ingestem op die intieme dreun
van die sonarseine van die ewigheid.
ek wy my dae totaal aan oorblyfsels van tyd.
uit elke skerpgemaakte klip, dolos, geroeste metaal,
hol been en blink kraletjies torring ek die verhaal
primordiaal los in taal. in 'n versteende boomvaringblaar,
die grate van 'n grotvis en 'n blinde vuurvliegie, bewaar
in amber, soek ek die tongval van God. ek probeer
uitvind hoe Hy Hom in en deur ons transformeer.
in hierdie geknakte gewydheid op my knieë
delf ek my terug tot die voorVaderlike geheue.
deur oeroerwoude en moerasse in my verbeelding
het die wollerige renoster en mammoet ingedring
en wei hulle op die pleine van tyd. ek voel my verwant
aan die reusenaaldekoker, die sabeltandkat en die selakant.
hier vind ek 'n verlore stad se verweerde murasies,
offertempels, klipkapelle, katedrale: voortgeplante mutasies
van die skeppende Een se verstommende veelvoud van vorm.
in die baarmoer is ek astrale fetus wat aan die glim-
wurm van die naelstring wieg. ek word verruk gesus
in voorwêreldlike vrugwaters saam met korale en antieke vis.
ek eggosing verwonderd. ek is primitiewe poliglot,
die kleintongklepel in die mondgrot van God.

marilyn monroe foto in grou

op 'n smal tafel lê sy oop en ongetooi
en wag op die patoloog se flitsende lem, wie
sou kon raai dat dit marilyn m dié is? nie
eens die ademlose minnaars wat haar mooi

or silt. a fine spray of droplets condenses
on my bare skin. gradually I learn
the cavern's lisp:
the invisible web of coded language enters
and echoes ever more softly in the hollows of my skull.
I am cautiously attuned to the intimate drone
of eternity's sonar signals.
I devote my entire days to the remnants of time.
from each sharpened stone, dolos, rusted metal,
hollow bone and shiny bead I worry the primordial
tale into language. I seek the dialect of God
in a fossilised tree fern's leaf, the bones of a cave fish
and a blind firefly, preserved in amber. I try
to find out how He transforms Himself in and through us.
on my knees in this broken devotion
I burrow myself back to the pre-Paternal memory.
in my imagination the woolly rhinoceros and mammoth
barged through primaeval jungles and swamps
grazing on the plains of time. I feel myself kindred
to the giant dragonfly, the sabre-toothed cat and the coelacanth.
here I find a lost city's weathered ruins,
sacrificial temples, stone chapels, cathedrals: prolific mutations
of the creative One's astounding myriad forms.
in the womb I am an astral foetus suspended
from the glow worm of the umbilical. spellbound I am lulled
in pre-worldly amniotic fluids with corals and primeval fish.
my singing echoes in awe. I am a primitive polyglot,
the uvula's clapper in God's cavernous mouth.

(From: *Troglodiet*, Human & Rousseau, 1995)
(Tr. by Tony & Gisela Ullyatt)

marilyn monroe photo in grey

on a narrow table she lies unclad and unadorned
waiting for the pathologist's glinting blade, who
could have foretold that this really is marilyn m? not
even the breathless lovers who caressed her

en warm liggaam gestreel het, sal haar só
herken nie. uit hierdie somber grou foto
sal selfs jfk met moeite probeer onthou
dat hy haar eens geken het. so is dit glo

met dood die geval: dit is die sagte bang asem
wat jy bemin, nie die naakte feite van die lyf
nie. die gespitste toon, die soepel been verdryf
die hartstog hier, die oop wond sluit sy himen

dig. gestol in wit en swart is die kop sonder effek
agteroor gegooi, die hare ongekartel teruggevee.
sonder die masker van maskara het sy ongeklee
met net 'n ligte jassie van parfuum haarself onbedek

aan almal wat so begerig wou sien, volkome oorgegee.
uit die toe mond klink geen kloklaggies of gedempte gille,
die oë bly gesluit. geen bykomstigheid of frille
hier en nou, *just marilyn*, op haar naakte beste onverleë.

vir dié huiwerende oomblikke so binne bereik
en tog so los van kyk en ruik en van gebruik.

aanraaklied

in die lente van my drie-en-dertigste jaar
keer ek versigtig terug na die leë grot.
ongewoond aan die donker soek my oë
na die slapende Seun van God.

vir die liggaam wat gebreek in bloed gestol
op kliptafels lê, bring ek bewoë 'n salf van spesery.
Hom wil ek saggies met trane en met woorde was
en toevou in die weefsels van my sagste sy.

binne aarsel die intieme reuk van dit wat bederf;
ín my groei swart stilte amper onuithoudbaar.
dán hoor ek Hy sê my naam, soos vir een wat sterf.

gorgeous warm body would recognise her
like this. from this sombre grey
photo even jfk would have difficulty remembering
that he once knew her. apparently this is

the way with death: it is the soft frightened breath
that you so love, not the body's bare facts.
the pointed toe, here the supple leg ousts
passion, the open wound locks up the hymen

firmly. solidified in white and black the head is thrown
back unceremoniously, the hair swept back uncurled.
without the mask of mascara wearing only a light gown
of perfume she submitted herself utterly uncovered

to all who wanted to ogle her lewdly. from the closed
mouth no more tinkling laughter or muffled screams,
the eyes remain shut. no trinkets or frills
here and now, *just marilyn*, at her naked best unabashed.

for these halting moments so within reach
and yet so devoid of sight and smell and use.

(From: *Troglodiet*, Human & Rousseau, 1995)
(Tr. by Tony & Gisela Ullyatt)

touching song

in the spring of my thirty-third year
I return vigilantly to the empty tomb.
unaccustomed to the dark my eyes search
for the sleeping Son of God.

for the body which lies broken in blood congealed
on stone tables, mournfully I bring a salve of spices.
with tears and words I would wash Him gently
and enfold Him in a garment of my softest silk.

inside wavers the intimate smell of that which spoils;
in me grows an almost unbearable black silence.
then I hear Him speak my name, like to one dying.

in die grot staan ek verblind voor Hom, nat en naak.
in die lente van my drie-en-dertigste jaar
voel ek hoe Hy versigtig aan my raak.

vrou met 'n pêreloorring

"He reached over and gently touched my earlobe."
— Girl with a pearl earring: Tracey Chevalier

sy asem is die deining van die ganse kosmos gekonvergeer.
die heelal wieg in 'n oerkadans, praat in stiltes wat sag smoor.
ek is in veegsels realiteit van amber en loodwit gesuspendeer
tot 'n vaagbekende herinnering op doek, 'n ontblote metafoor
wat ons onuitgesproke begeertes klankloos moet kalibreer.
ek is gekamoefleer in die stof van gebreekte pêrels en ivoor.
haartjies van jou kwas begin ongesiens groei op die seemsleer
van my vel. ek is verrinneweerd versadig toe ek die bloedspoor
voel nog voor jy my geluidloos met 'n witwarm naald penetreer,
toe jy my graveer in die sagte vleeslappie van my weerlose oor.

vrou slapende

vir retha

Oed' und leer das Meer

soveel somnambule digters
het eeue lank hul slapende bemindes
vir 'n gedig probeer plunder

hier waar ek woordloos staar na jou
slapende skone van die onderwêreld
bly my losprys soek

in the tomb I stand blinded before Him, wet through and naked.
in the spring of my thirty-third year
I feel how He touches me softly.

(From: *Syspoor,* Human & Rousseau, 2002)
(Tr. by Tony & Gisela Ullyatt)

girl with a pearl earring
"He reached over and gently touched my earlobe."
   – *Girl with a pearl earring:* Tracey Chevalier

his breath is the surge of the whole cosmos converging.
the universe rocks in a primitive cadence, speaks in silences that slowly smother.
I am suspended in sweepings of amber and lead-white reality
a vaguely known memory on canvas, an exposed metaphor
that must calibrate our unspoken desires soundlessly.
I am camouflaged in the dust of broken pearls and ivory.
bristles of your brush begin to grow invisibly on the chamois
of my skin. I am damaged satiated when I feel the trail of blood
even before you penetrated me silently with a white-hot needle,
when you engraved me in the soft fleshy flap of my defenceless ear.

(From: *Ligloop,* Human & Rousseau, 2010)
(Tr. by Tony & Gisela Ullyatt)

sleeping woman
for rheta

   Oed' und leer das Meer

so many somnambulant poets
have for centuries tried to plunder
their sleeping loved ones for a poem

here where I stare at you wordlessly
sleeping beauty from the underworld
my ransom remains lost

die skeepsromp se ribbewerk
die valreeptrap van jou bene
jou sloepdek se binneste kluiwerseil

elke deinende asem elke sagte kajuitkraak
die vel se braillemorsekode
onvertaalde telekse uit die skeepsruim

in die onsigbare takelwerk van droomwaak
hang my vlag halfstok die kiel totaal weerloos
ook hierdie keer is helaas nie skeepsreg nie

net nog 'n seerowerdigter wat oorboord gaan
ek probeer tevergeefs 'n inval loods
'n boeg vind waaroor ek jou kan gooi

ongekaapte skimskip in die peillose blou van diepslaap
skaars hoorbaar die stuurroerritseling van jou drome
op die brekende branders huiwer woorde soos fosforflitse.

the ribcage of the ship's hull
the ropeladder rungs of your legs
your boatdeck's innermost jib sail

every billowing breath every soft cabin creak
the skin's braille morsecode
untranslated telexes from the ship's hold

in the hidden tackle of dream watch
my flag hangs at half-mast the keel totally defenceless
this time alas unlucky again

just another pirate-poet going overboard
in vain I try to provoke a raid
to find a shoulder over which I can throw you

unplundered ghost ship in the fathomless blue of deep sleep
scarcely audible the helm's whispering of your dreams
on the breaking waves words glimmer like phosphorus.

(From: *Stigmata*, Human & Rousseau, 2012)
(Tr. by Tony & Gisela Ullyatt)

Tokio

Op 'n oggend staan ek in die vismark,
sien hoe tuna, nori en aji uitgestal lê.
'n Bedrewe visserman, in geel rubberstewels,
vlerk 'n vis bek-oop met een haal.
Uit sy pens tuimel daar binnegoed
en 'n bloederige stank. Ook herinneringe
uit 'n diepsee-bestaan, volledig áfgesluit
van aardbewings of reënende bomme.
Berg Fuji ken hy nie en 'n ligte sneeuval
(nes sagte dons oor die oseaan) bly iets vreemds.
Edu se lugbesoedeling het hom nooit gekwel nie.
Hy was eens soos 'n vis in die water.
Nou word hy op ys gegooi vir sashimi.
Kort voor lank land hy weer in die oseaan,
in 'n opgebreekte vorm – volledig ont-vis –
reisend van die hand na die mond: tot uitskot.

Dublin

Baile Átha Cliath
Obedientia Civium Urbis Felicitas

Dubh Linn
oftewel swart poel
neem my terug na my jeug
in 'n plattelandse biblioteek tydens
'n wintervakansie waar ek, tussen
Skylla en Karybdis, elke verwysing
naspeur in Ulysses. Al agtien episodes
met nougesette aandag via Stuart Gilbert
op 'n literêre speurtog. Leopold Bloom en Molly
se sekstoneel en Stephen Dedalus as Telemachus.

Joan Hambidge

Tokyo

One morning I stood in the fish market
watching the tuna, nori and aji on display.
A practised fisherman, in yellow rubber boots,
with one stroke wing-splayed a fish, its mouth agape.
From the stomach entrails spewed
amidst a bloody stench. Also memories
from a deep-sea existence, completely cut off
from earthquakes and bombs raining down.
It does not know Mt Fuji, and a light fall of snow
(like soft down over the ocean) remains an oddity.
It has never been bothered by Edu's air pollution.
Once it was a fish darting through the water.
Now it is placed on ice for sashimi.
Before long it will end up in the ocean again,
piecemeal – altogether a non-fish –
travelling from hand to mouth: to human waste.

(From: *Visums by verstek*, Human & Rousseau, 2011)
(*Tr. by Charl J.F. Cilliers*)

Dublin

Baile Átha Cliath
Obedientia Civium Urbis Felicitas

Dubh Linn
or black pool
takes me back to my youth
in a rural library, during
a winter vacation, where I, between
Scylla and Charybdis, explored every
reference in Ulysses. All eighteen episodes,
with careful attention, led by Stuart Gilbert
on a literary sleuthing quest. Leopold Bloom and Molly's
sex scene and Stephen Dedalus as Telemachus.

No. 7 Eccles-straat ruik na gebraaide varkniertjies.
Waar is Paddy Dignam se graf in Glasnevin?
In Burton se restaurant wag 'n verbeelde glas wyn.
Ek is die sikloop, al wandelend, struikelend,
weer ek Lydia Douce en Mina Kennedy af.
"Says I", "says I", "says I". In Ithaca
voorspel 'n waarsêer 'n lewe-op-vlug.
Poësie spruit uit die banale, 'n blote opstel
van lysies: van uitstel kom aftel …
'n Latter-day Odusseus, nie Penelope nie?
Ek ryloop deur die strate van Dublin
op die roete van Joyce en mý bewussynstroom
neem my terug na dáárdie ruimte:
jong optekenaar van woorde ónwetend hoe
'n gedig 'n *Ou Mutual*-dagboek oopmaak
vol verlore, vergete skribbels.

Acapulco

Ek vlug na jou mitiese, verdroomde ruimte
uit Mexikostad met sy geweld en vuil lug.
Hittig is jy waar ek skuilhou in 'n retro-hotel
en my kinderdae speel voor my af soos 'n huisfilm.
Ek ruik die sweet en chloor van die swembad,
'n man lag uitbundig, 'n vrou breek 'n glas
en die asbak met 'n Asteekse simbool, is vol.
Die film breek, maar niemand sit die lig aan nie.
In die donker hou die kinders kajuitraad.
In die kamer langsaan klim 'n vrou die piramide
van ekstase, terwyl die man kennelik terug-
hou vir 'n finale swenk oor die *corniche*
in Acapulco wat (anders as in die Peter Stuyvesant-
advertensie) my terugneem na waar ek nie wil wees nie.

No. 7 Eccles Street smells of fried pig's kidneys.
Where is Paddy Dignam's grave in Glasnevin?
In Burton's Restaurant an imagined glass of wine is waiting.
I am the cyclops, wandering, stumbling,
me again Lydia Douce and Mina Kennedy exit,
"Says I", "says I", says I". In Ithaca
a soothsayer prophesies a life-on-the-run.
Poetry springs forth from the banal, a mere composition
of lists: procrastination is the thief of time…
A latter-day Odysseus, not Penelope?
I hitchhike through the streets of Dublin
in Joyce's footsteps, and *my* stream of consciousness
takes me back to *that* space:
young chronicler of words oblivious of how
a poem opens up an Old Mutual diary
full of lost, forgotten scribbles.

(From: *Visums by verstek*, Human & Rousseau, 2011)
(Tr. by Charl J.F. Cilliers)

Acapulco

From Mexico City with its violence and foul air
I flee to your mythical, dream-conjured space.
In your scorching heat I lie low in a retro-hotel,
and my childhood days unwind like a home movie.
I smell the sweat and chlorine of the swimming pool,
a man laughs boisterously, a woman breaks a glass
and the ashtray with the Aztec symbol is full.
The film breaks, but no one switches on the light.
In the dark the children are deliberating.
In the room next door a woman is climbing the pyramid
of ecstasy, with the man apparently holding
back for the final swerve over the *corniche*
in Acapulco which (unlike the Peter Stuyvesant
advert) is taking me back to where I don't want to be.

(From: *Visums by verstek*, Human & Rousseau, 2011)
(Tr. by Charl J.F. Cilliers)

Las Vegas, Nevada

Hier staan dobbelhuise neffens kerke
hul plek vol en sy ry met 'n Greyhound,
geleerbaadjie en gerugsak, die Sondestad binne.
Met 'n *achy breaky heart* word die woestyn
die perfekte back drop vir 'n down town-motel,
waar reisigers en hoere, kortsondig vertoef.
Fear and loathing in Las Vegas. Agter haar lê
die Stad van Engele en vóór haar Miami. Nou,
in die oomblik, beleef sy die Mojave-woestyn,
nageboots in restaurante dwarsoor die wêreld,
met kaktus en klip kompleet. Vir haar is dit hel,
hierdie flikkerstad met sy gebedekrale van $-tekens.
La$ Vegas. Lush Vegas. *Leaving Las Vegas*.
In die Liberace-museum verpand broer George
handtekeninge namens die virtuose vertolker.
'n Boekwinkel stal Barthes se *Mythologies* uit.
Saam met die semioloog vertolk sy die xeriscapes,
nabootsings, afbeeldings, flikkerligte: dollar a fuck.
Sy verkas uit Vegas, op pad na Dallas, op soek
na die American Dream, the greening of America:
na dit wat soos 'n mirage in die woestyn glimmer.

Dallas, Texas

Op die spoor van JFK, dáár waar die Zapruder
die kavalkade skiet, goewerneur John Connally voor,
Jacqueline agter, in Dealey Plaza: November 22, 1963.
Lee Harvey Oswald ("I'm the patsy") deur Jack Ruby vermoor.
"Mr. President, you can't say Dallas doesn't love you,"
sê die goewerneursvrou en tussen raam 155 en 169 draai
almal eers na links dan na regs, behalwe die President.
Die skoot tussen raam 210 en 225 wys nie die bloed
of stukkies been nie: nog 'n skoot slaan van agter.
Ene James Tague, die toevallige waarnemer, presies 162 m,
getref met 'n opslagkoeël, en in die Parklandshospitaal
word John F. Kennedy deur dr. George Burkley dood verklaar.

Las Vegas, Nevada

Here gambling dens take their appointed
place beside churches, and in a Greyhound,
leather-jacketed and rucksacked, she enters the City of Sin.
With an *achy-breaky heart* the desert becomes
the perfect backdrop for a downtown motel
where travellers and whores briefly linger.
Fear and Loathing in Las Vegas. Behind her lies
the City of Angels and ahead of her Miami. Now,
in the moment, she confronts the Mohave Desert,
replicated in restaurants throughout the world,
complete with cactus and rock. For her it's hell,
this flickering city with its prayer beads and $ signs.
La$ Vegas. Lush Vegas. *Leaving Las Vegas.*
In the Liberace Museum brother George sells
signatures on behalf of the virtuoso performer.
A bookshop displays *Barthes' Mythologies.*
Together she and the semiologist interpret the xeriscapes,
simulations, illustrations, flickering lights: dollar a fuck.
She leaves Vegas, *en route* to Dallas, in search
of The American Dream, the greening of America:
of something that shimmers like a mirage in the desert.

(From: *Visums by verstek,* Human & Rousseau, 2011)
(Tr. by Charl J.F. Cilliers)

Dallas, Texas

On the trail of JFK, there where Zapruder
shot the cavalcade, Governor John Connally in front,
Jacqueline in back, in Dealey Plaza: November 22, 1963.
Lee Harvey Oswald ("I'm the patsy") murdered by Jack Ruby.
"Mr. President, you can't say Dallas doesn't love you"
the governor's wife said, and between frames 155 and 169
everyone first faced left and then faced right, except the President.
The shot between frames 210 and 225 do not reveal blood
or tiny shards of bone: another shot hits from behind.
A certain James Tague, a casual observer, exactly 162 m away,
was struck by a ricochet, and in the Parklands Hospital
John F. Kennedy was declared dead by Dr George Burkley.

'n Rooms-Katolieke priester bedien die laaste sakramente.
In 'n outopsie-verslag word elke wond presies opgeteken.
Lyndon B. Johnson in 'n Airforce One in sy plek ingesweer.
Die 1961 Lincoln Continental limousine staan in die Henry Ford, in
Dearborn, Michigan, met die bevlekte pienk rok geberg.
Koeëls, die geweer, selfs die hospitaaltrollie en outopsieverslag
vir die toeris op uitstalling, met 'n X gemerk op die plek
van die eerste slag. Die nes van die vermeende koppesneller
hier in Dallas, Texas lewensgetrou gerekonstrueer.
Glo my vry. Dit alles en nog meer. Op die spoor van JFK.

A Roman Catholic priest conducted the last sacraments.
In the autopsy report every wound is accurately recorded.
In Air Force One Lyndon B. Johnson was sworn in.
The 1961 Lincoln Continental limousine stands in the Henry Ford, in
Dearborn, Michigan, with the stained pink dress neatly stored.
Bullets, the gun, even the hospital trolley and autopsy report
on exhibit for the tourist, with an X marking the spot
of the first shot. The hide-out of the alleged hit man
authentically reconstructed here in Dallas, Texas.
Believe what I say. All that and even more. On the trail of JFK.

(From: *Visums by verstek*, Human & Rousseau, 2011)
(Tr. by Charl J.F. Cilliers)

Pro Deo

(vir Johann Lodewyk Marais)

As daar 'n God is, het Hy beslis
kopiereg op sy skepping. Wees dus
gewaarsku: fotograwe, landskapskilders
en groen digters. Eendag gaan julle betaal
vir die kwistige illustrasiemateriaal
wat julle vervreem het in swart-en-wit of kleur
– riviere, berge, vlaktes, blomme, vlinders –
sonder erkenning aan die Groot Outeur.

Nog 'n liefdesgedig

my liefste lief, hoe maak 'n mens
'n liefdesvers uniek? so spesifiek
dat dit alleen op *jou* kan dui?
want besing ek – met alle respek –
die lyne van jou bors of dy
sien elke geletterde skarminkel
hoe sy meisie net vir hom uittrek,
en sê ek dat jy blond is soos kerswas
is daar 'n paar miljoen vroue
wat perfek by dié beskrywing pas
– 'n gedig is skaars 'n foto of skildery –
verstaan jy nou dat ek liewer stilbly?

en kyk: 'n verliefde digter wat swyg
dit, my liefste, dit is uniek

Daniel Hugo

Pro Deo

(for Johann Lodewyk Marais)

If there is a God he has, I'm sure,
copyright on his creation ... Therefore
be warned: photographers, landscape painters
and Green Poets. You will have to pay
for the wasteful illustrative work one day
that you've alienated in black and white or colour
– rivers, mountains, fields, flowers, butterflies –
without acknowledging the Great Author.

(From: *Die twaalfde letter,* Protea Book House, 2002)
(Tr. by Charl J.F. Cilliers)

Another Love Poem

my dearest love, how does one make
a love poem unique? so specific
that it could only be addressed
to *you*? because – with due respect – if I
sing the praises of your thigh or breast
every well-read charlatan would simply see
his beloved disrobe for him alone,
and if I say you're blonde as candle grease
there'd be a few million women
who'd fit the image with the greatest ease
– a poem is hardly a painting or photo print –
so can you see why I'm so reticent?

and so: a tongue-tied poet in love
that, my dearest, that is unique

(From: *Die twaalfde letter,* Protea Book House, 2002)
(Tr. by Charl J.F. Cilliers)

Warmbad, Namibië

my prilste herinnering: 'n glansende maan
wat stil uitstyg bo die rand van ons agterplaas

in sy lig sien ek hoedat my dun skadu val
eindeloos deur 'n rotsagtige kil heelal –

daar waar ek staan in 'n landskap van ysterklip
het bedags 'n Namakwa-vrou my opgepas

haar geklik het tóé weerklink in my Afrikaans:
die magneet wat my moet vashou hier ondermaans

die taal wat my laat klou aan die gebarste lip
van Afrika, waaroor hortend 'n koorsasem blaas

Ontvlugting
(i.m. Ingrid Jonker)

ek stap graag – dronk van osoon –
tot by Drieankerbaai
die strandjie is steeds besaai
met uitklotsels van die see:
rioolreste lê hier
mosselskulpe, robwerwels, wier
'n gestolde stink inkvis
en van tyd tot tyd – doodnugter –
die lyk van 'n digter

Warmbad, Namibia

my earliest memory: a radiant moon
silently rising above the rim of our backyard

in its light I saw my slender shadow fall
endlessly through a craggy, cold eternity –

there where I stood in a landscape of dolerite
by day a Namaqua woman looked after me

her clicking speech echoed in my Afrikaans
a magnet that must hold me here in the moon's trance

the language that has me holding on tight
as across Africa's cracked lip its fevered breath blows hard

(From: *Skeurkalender,* Tafelberg Publishers, 1998)
(Tr. by Charl J.F. Cilliers)

Escape
(i.m Ingrid Jonker)

I love walking – drunk on ozone –
up to Three Anchor Bay:
on the small beach always the castaway
remnants strewn round by the sea:
everywhere sewage smells
algae, seal vertebrae, mussel shells
a clotted, stinking ink-fish
and – stone-cold sober – you see
at times a poet's body

(From: *Monnikewerk,* Tafelberg Publishers, 1995)
(Tr. by Charl J.F. Cilliers)

Lees by lamplig

Natuurgedigte laat my maklik gaap.
Die inkskadu van 'n muskiet flits
oor my boek – vir 'n oomblik dag ek
'n woord het vleuels gekry. Dringend
in my oor skree dit iets wat duister bly.

Letters is die skaduwees van klank.
Maar hierdie skril, frenetiese woord
kan steek, en laat jeuk my heelnag lank.
Digterwoorde, daarenteen, is onskadelik:
selfs die skerpste hou jou selde uit die slaap.

Reading By Lamplight

With nature poems I nod off easily.
The ink-shadow of a mosquito flits
over my book – for a moment I think
a word has grown wings. With urgency
it shouts something obscure in my ear.

Letters are sound's shadow-shapes.
But this shrill, frenetic word can bite,
leaving me all night with itchy scrapes.
By contrast, words of poets are innocuous:
even the finest seldom keep me awake.

(From: *Die panorama in my truspieël*, Protea Book House, 2009)
(Tr. by Charl J.F. Cilliers)

vrou in Afganistan
na aanleiding van die film *Kandahar*

die vrou was op pad na Kandahar
die vrou was alleen op pad
in die sand in die duine van bloed
in die bloed van die son
om haar suster van selfmoord te red
voor die koms van die groot eklips

alleen op pad was die vrou met haar jurk
'n golf van blou 'n dissonante vlag
oor die geel riviere van sand
afgeëts teen horison op horison
soos 'n mens
met die skouers van 'n vrou
met die kop van 'n vrou
gesluier teen die onbestaan

die vrou op pad na Kandahar
skommel op die donkiewa
ignoreer die soldate en landmyne
van verstikkende vuur
luister vreesloos met haar hart teen 'n kruik
sien hoe mans op krukke by die Rooikruiskamp
eenbeen draf oor 'n heuwel van klip
om eerste te gryp as die bene van hout
uit die lug met valskerms daal

sy gee haar laaste note vir 'n kind
om haar te vat na Kandahar
sy weier die goue ring wat hy
tussen sandwalle van 'n geraamte steel
en op die laaste dag
net duskant die laaste duin
voor die geel klipmuur van Kandahar
in 'n optog van sangers

woman in Afghanistan
after watching the film *Kandahar*

the woman was on her way to Kandahar
the woman was alone on the road
in the sand in the dunes of blood
in the blood of the sun
to save her sister from suicide
before the advent of the great eclipse

the woman was alone on the road with her gown
a wave of blue a dissonant flag
over yellow rivers of sand
etched against horizon after horizon
like a person
with the shoulders of a woman
with the head of a woman
veiled against oblivion

the woman en route to Kandahar
bounces on the donkey cart
ignoring the soldiers and landmines
of choking fire
listens fearlessly with her heart against a pitcher
sees how men on crutches at the Red Cross camp
trot one-legged up a stone hill
to be first to grab the wooden legs
parachuting from the sky

she gives her last change to a child
to take her to Kandahar
she refuses the gold ring he steals
from a skeleton between its sandbagged walls
and on the last day
just the other side of the last dune
before Kandahar's yellow stone wall
in a procession of singers

en bruide en huwelikgangers
word sy gestuit deur rebelle
met 'n geweer se loop teen haar wang

word sy uitgewys as 'n onbekende vrou
agter haar *burka* gekwes
deur geruite korrels van lig
word sy weggewys as die ongewensde
wat haar suster wou red in Kandahar

vóór die koms van die eklips
vóór haar poging tot verduistering
die soveelste droewige dood in die sand
in die duine van bloed helder oordag
in die sonlose nag van Kandahar

as winter brand

by die dood van Frida Kahlo, na die liriek
"Burn it blue" van Julia Taymor

brand hierdie huis
brand dit blou

as die winter haar huis binneval
verdrink sy in die brandende stroom
word alles afgestroop

en die brandende bed sweef hoër
en sy is vry om te vlieg

kom herinnering
kom doringtakke en blare van palms
kom onthou wat nie wil onthou nie

vrou wat uitgebrand is
sprei jou ongebreekte vlerke
vlieg vry soos die singende swaels

and brides and wedding guests
she is halted by rebels
with a gun barrel against her cheek

she is singled out as an unknown woman
stippled behind her *burka*
by beads of checkered light
she who is shown away as the undesirable
wanted to save her sister in Kandahar

before the advent of the eclipse
before attempting her own eclipse
the umpteenth sorrowful death in the sand
in the dunes of blood in broad daylight
in the sunless nights of Kandahar

(From: *passies en passasies,* Protea Book House, 2007)
(Tr. by Tony & Gisela Ullyatt)

as winter burns
> on the death of Frida Kahlo, after the lyrics
> "Burn it blue" by Julia Taymor

burn this house
burn it blue

when the winter invades her house
she drowns in the burning stream
everything stripped bare

and the burning bed floats higher
and she is free to fly

come memory
come thorn branches and palm leaves
come remembrance unwilling to remember

woman who is burnt out
spread your unbroken wings
fly free as the singing swallows

as die winter haar bloed bekruip
skakel sy vergeefs die verwarmers aan
waterval word rivier en stroom
gebroke tussen aangelapte ledemate deur
brand hierdie nag
swart en blou
neem alles met hom saam
so koud in die môre
so koud sonder jou
spoel vertroude kamers uiteen
met moeite aanmekaar geheg
spoel skilderye en meubels weg
weet dat daar niks meer staan
waar al die mure was

vlieg vry saam met die swaels
vlieg ineens met die wind

lê sy met belemmerde uitsig
en kyk na geboorte en lewe en dood
en die naglug bloei met vuur
en die brandende bed sweef hoër
sy is vry om te vlieg
om hemel en hel gloeiend te verf
geboorte en lewe en dood
verstommend onklaar
in die klaarheid van haar lyf

brand hierdie huis
brand dit blou

waarskuwings

ek moet jou waarsku teen die wind wat roer
die wind wat die hare van gordyne roer
ek moet jou waarsku teen die strooisel vere
wat die tarentale op ons werf kom los
ek moet jou waarsku teen die molle wat sappige wortels

as winter surprises her blood
she switches on the heaters in vain
waterfall becomes river and stream
shattered in between patched limbs
burn this night
black and blue
takes everything with it
so cold in the morning
so cold without you
sluices familiar rooms apart
joined together with difficulty
sluices paintings and furniture away
knows nothing stands there any more
where all the walls were

fly free with the swallows
fly with the wind at once

she lies there with her view obscured
and looks at birth and life and death
and the night sky bleeds with fire
and the burning bed floats higher
she is free to fly
to paint heaven and hell glowing
birth and life and death
dumbfoundedly incomplete
in the completeness of her body

burn this house
burn it blue

(From: *passies en passasies,* Protea Book House, 2007)
(Tr. by Tony & Gisela Ullyatt)

warnings

I must warn you against the wind that moves
the wind that moves the hair of curtains
I must warn you against the scattering of feathers
the guinea fowls dropped in our yard
I must warn you against the moles that gnaw

kom vreet die molle wat nikssiende rondhoer
in die tonnels van ambrosia o ek moet jou waarsku
teen die skulpe van sterre wat in bome kom hang
want hulle blink verniet
ek moet jou waarsku
teen die maan se mistige oog
die son se roomwang teen jou gesig
ek moet jou waarsku teen die lam met sy rug na ons gekeer
met sy gebreekte poot en wolkop na die stoof gedraai
ek moet jou waarsku
teen die lam wat sy ore flap in die waaier van lug
teen die honde wat straataf draf sketterend jag na asblikkos
teen die swart lappe van voëls op die wasgoeddraad
ek moet jou waarsku
teen my kissie van roospapier
waarin al my juwele is die krabbers die hangers
en die ringe van topaas

ek moet jou waarsku dat alles niks beteken vir die liefde nie
minder as woorde minder as water minder as brood
want die liefde het net oë vir mekaar
liefde is sonder bril in mekaar
liefde is oë vasgewaai inmekaar

liefde is sonder alles omheen
liefde is 'n dennewoud
liefde is 'n beurende dennewoud
waar die boskapper
onverpoos kap

ek moet jou waarsku

the juicy roots the moles that blindly whore around
in the burrows of ambrosia o I must warn you
against the shells of stars that hang in trees
because they shine in vain
I must warn you
against the moon's misty eye
the sun's creamy cheek against your face
I must warn you against the lamb with its back turned to us
with its broken foot and woolly head turned to the stove
I must warn you
against the lamb that flaps its ears in the fan of air
against the dogs barking down the street hunting for food in rubbish bins
against the black rags of birds on the clothesline
I must warn you
against my little box of rose paper
with all my jewels the earrings the pendants
and the topaz rings

I must warn you that all this means nothing to love
less than words less than water less than bread
because in love there are only eyes for each other
love is without spectacles, one in the other
love is eyes blown together, intertwined

love is without everything externally encircling
love is a pine forest
love is a heaving pine forest
where the woodcutter
is incessantly cutting down

I must warn you

(From: *passies en passasies*, Protea Book House, 2007)
(Tr. by Charl J.F. Cilliers)

in memoriam: Lisbé

> That's when she stopped, she turned her face to the wind, shut her eyes –
> – Jorie Graham, "Self-portrait as Apollo and Daphne"

dit was nie nodig dat staal haar skraal lyf moes verskeur
dit was nie nodig dat soveel geweld herhaaldelik
moes inhamer nie –
sy het reeds gegroet voordat sy die inferno van bloed betree
voordat die geskroefde hand van 'n indringer
haar in water gooi en vlug

sy het reeds afskeid geneem vóór die aankoms by haar huis
sy het reeds haar kinders voor skool gegroet
die kleur van die seun se hemp en die kleur
van sy wakende oog
reeds die skooljurk van haar dogter in dun
skouertjies teen verweer gestreel
reeds 'n tree agteruit in haarself beweeg
terug in die breekskelet van 'n droom
'n stem wat sou roep
duskant die aardse kleed van die oggendson

sy het reeds gesterf
toe sy haar man op 'n stasie groet
wat hom verder neem met niks behalwe
die gewig van herinnering
aan hulle
en háár veral
die geluk so naaldpuntdun gebalanseer
op elke horison wat teen die treinvenster glim
die berg wat nader groter word en met haar hart
in sy geheue so onverklaarbaar lig
soos asem op die tong kom lê

in memoriam: Lisbé

That's when she stopped, she turned her face to the wind, shut her eyes
— Jorie Graham, "Self-portrait as Apollo and Daphne"

steel need not have torn open her slender body
it was not necessary, such force hammering into her
repeatedly —
she had already said her goodbyes, before entering the inferno of blood
before the screwdriver-wielding hand of an intruder
threw her into water and fled

she had already taken her leave before returning home
had already greeted her children before school started
the colour of her son's shirt and the colour
of his watchful eye,
had already smoothed out her daughter's gymslip
stroking her frail shoulders,
had already taken a step back into herself
into the cracked skull of a dream
a voice that would call
beyond the earthly cloak of the morning sun

she had already died
when she greeted her husband at the station
taking him further along with nothing
but the weight of memories
of them
and especially of her
happiness balanced, a needlepoint
on all the horizons gleaming in the train window,
the approaching mountain growing bigger, and her heart
so inexplicably light with its memories,
the way breath settles on the tongue

reeds was die afskeid daar
toe sy omdraai en huiswaarts keer
verdonker in die laaste stilte van rus
wat sonder woorde sonder tyding sonder enige vermoede
vóórtydig
die klein avondmaal
van haar liggaam
skrikwekkend deurboor

blomtong
   (vir MM)

agter die diep leunstoel
staan die irisse sowaar na vier
steriele dae steeds in blom.
agter die glaspot se riffelpatroon
hang afgeknipte slagare los in die water.

agter pers vlinders bloei die trauma
van 'n week, nee, twee of drie tevore
toe purpertange my rug vasgeknyp het –
die kraakbeen voos soos 'n neut laat bars,
weefsel soos saffraan kon kneus
en oranje meeldrade van 'n vlegsel
senuwees laat knak.

agter die stoel,
onverpoos en vurig,
blom die tonge van irisse

voor die eende wakker word

voor die son die maan se sekel
en sterrespansel in perfekte ewewig
ligament op ligament
verkwis.

leave-taking was already there
when she turned and walked home
darkened in the last stillness of rest
without words without warning without any suspicion
prematurely
the small communion
of her body
appallingly transfixed

(From: *passies en passasies*, Protea Book House, 2007)
(Tr. by Charl J.F. Cilliers)

blossom tongue
  (for MM)

behind the easy chair
the irises are still blooming after
four sterile days.
behind the vase of ribbed glass
cut-off arteries hang loose in the water.

behind purple butterflies bleeds the trauma
of a week ago, no, two or three
when purple forceps pinched my back,
rupturing the rotten cartilage like a nut –
bruising the tissue like saffron
and snapping the orange stamen
of braided nerves.

behind the chair,
incessant and fervent,
the tongues of irises bloom

before the ducks stir

before the sun squanders the crescent moon
and the stars' firmament in perfect equilibrium
ligament by ligament.

(From: *Splintervlerk*, Protea Book House, 2011)
(Tr. by Tony & Gisela Ullyatt)

dryfgoed

1

oor weke heen verdwaal ek
in kleur op rou papier
om 'n string van nat skulpe te verf
en 'n vrou wat dans oor 'n rots
of onder versnipperde palms deur.

in die vroegoggend huiwer
'n kewer dou aan die kwas,
breek ek die vergeefse bloeisel af,
verdwaal

in die uitgedroogde papier,
opgeskeur.

2

ek moet dit opteken –
alles wat ek aan jou bemaak.

ek moet die formulier
van verwysde pyn teen jou
bors speld,

want iemand,
iemand klop aan hierdie deur.

vannag en môre nog kom iemand my haal,
en wie laat ek agter om steeds die voëls
in die tuin te voer?

ek moet dit aanstip.
so aandagtig noteer
as wat ek kan.

in die blare loop die glinstering
ons liefde selfs vooruit. elke uur word
metamorfose in die smeltkroes
van lewe en dood.

flotsam

1

over months I lose myself
I become colour on coarse paper.

with every stroke I plunge down
to paint a strand of wet shells
of a woman dancing over a rock
or beneath shredded palms.

in the early morning a beetling
dew-drop teeters at the brush's tip,
I break off this fruitless blossom,
become lost
in the desiccated paper,
torn up.

2

I should write it down –
everything I bequeath to you.

I must pin down the ritual
of referred pain on
your breast,

because someone,
someone knocks on this door.

tonight and tomorrow someone will fetch me –
and what departure would I still leave
behind to feed the birds in the garden?

I have to note it down.
as attentively fettered
as I can.

in the leaves the shimmering
anticipates even our love. every hour is
altered by the alchemy of
breath that binds and gathers.

miskien kom iemand my haal —
wie klop-klop so aan die deur?

wie se hart druis al hoe swarter
teen my binneoor?

dis geen versaking nie,
nie van jou of ander nie,
slegs inventaris van dit wat agterbly,
al die goed wat joune is,
wat jy in elke senuwee
moet bewaar

soos 'n amulet teen die tyd
se verbysterde vloed.

3

vannag val die mot in die melk.

kersboomliggies val soos sneeu
oor al die linte van nabetragting,
oor elke kind se euforie oor die ster.

en jy, jy is nie hier om alles te red
met woorde nie, hier met jou
lyf kloosterlik geskulp.

vannag val die mot in die melk.
rook damp teen eensame ruite.

huise stoot geskenkpapiere uit met besems
by die agterdeur. en jy, jy was nie hier nie
toe ek 'n maaltyd nuttig met lappies vleis
met klikgeluide van voëls
in die donker varings. toe ek soet wyn
in my keel laat glip om gedagtes
oor jou af te sluk.

vannag val die mot in die melk.

maybe someone will come to fetch me –
who's that tapping on the door?

whose heart pounds darkly
against my inner ear?

this is no desertion,
not by you nor trees of blood,
nor by the light that slices in under
the lashes like nettle rash. only the inventory
of what remains,
of what is yours
and which must be preserved
in each nerve

like an amulet against time's
confounding flood.

3

tonight the moth fell in the milk.

Christmas lights drift like snow
over all the streamers of contemplation,
over every child's euphoria about the star.

and you, you are not here to save
everything with words, here with your
body cloistered like a shell.

tonight the moth fell in the milk.
smoke fumes against lonely panes.

houses shove wrapping papers with brooms
out the back door. and you, you were not here
when I savoured a meal with slivers of meat
and salad, with birds' clacking
in the dark ferns. when I let sweet wine
ease down my throat to swallow
thoughts of you.

tonight the moth fell in the milk.

kersbome staan oopgesper
met stukkende blinkers en balle wat draai,
verlore soos uitgedoofde sterre,
soos 'n duim wat krale
aftel vir draagliker tye,
aftel om pyn te verlos.

jy is nie hier nie, en ek maak
die deur toe op die stoep,
klap die tralies dig.

vannag droom die melkweg
'n duisend motte vergeefs in my oop
as ek na jou roep.

christmas trees stand flared open
with broken spangles and turning spheres,
lost like suns, like a thumb counting beads
for more tolerable times,
for pain's redemption from the fires
of loved ones discarded.

you are not here, and I close
the door on the stoep,
shut the trellis tight.

tonight in vain the milky way
dreams up a thousand moths in me
when I call to you.

(From: *Splintervlerk*, Protea Book House, 2011)
(Tr. by Tony & Gisela Ullyatt)

Nag

Mag die nag jou goed behandel
Mag die donker vir jou mooi wees
Mag stilte vir jou vrede beteken
En mag die naggeluide jou aan die slaap sus
Mag jy drome droom
En nie net slaap nie

Goeie meisies

Goeie meisies join nie gangs nie
hulle raakie pregnant op dertien nie
hulle dra nie tjappies nie
hulle roekie weed nie
hulle tik nie
hulle djol nie saam met taxi drivers nie
hulle werk nie vir Shoprite nie
hulle is nie die cleaners nie
goeie meisies bly nie oppie Cape flats nie

Klein Cardo
vir Alfonso Cloete en Velencia Farmer

They say it's the white man I should fear, but it's my own kind
doing all the killing here
— Tupac Amaru Shakur

Cardo was gebore
maar niemand het hom verwag nie
sy ma was sestien

Ronelda S. Kamfer

Night

May the night be good to you
May you find beauty in the dark
May silence signify peace for you
And may the night sounds lull you to sleep
May there be dreams for you
And not merely sleep

(From: *Noudat slapende honde*, Kwela Books, 2008)
(Tr. by Charl J.F. Cilliers)

Good girls

Good girls do not join gangs
they do not get pregnant at thirteen
they do not wear chappie tattoos
they don't smoke weed
they do not use tik
they do not jol[1] with taxi drivers
they do not work for Shoprite
they are not cleaners
good girls do not live on the Cape Flats

(From: *Noudat slapende honde*, Kwela Books, 2008)
(Tr. by Charl J.F. Cilliers)

Little Cardo

for Alfonso Cloete and Valencia Farmer

They say it's the white man I should fear, but it's my own kind
doing all the killing here
– Tupac Amaru Shakur

Cardo was born
but no one expected him
his mother was sixteen

[1] To have a good time.

en sy pa gemeenskapbouer vannie jaar
sy ouma was 'n cashier
en sy stiefoupa het gedrink virrie pyn

Cardo was 'n mooi klong
met donker vel en ligte oë
mooi genoeg om Engels te praat
hy't gehou van drie stokkies
en vrottie eier innie pad speel
Tietie Gawa vannie mobile het gesê
Cardo was 'n engelkind

Die aand voor Cardo se eerste dag
op grootskool
het die Schoolboys klappers innie pad geskiet
Cardo het by die venster uitgeloer
die koeël het in sy keel gaan sit
sy ma hettie gehuil nie
die politicians het 'n boompie geplant
en die Kaapse Dokter het hom uitgepluk
en gegooi waar die res
vannie Kaap se drome lê –

oppie vlaktes

Shaun 1
'I can taste the fear, lift me up and take me out of here'
The Arcade Fire, intervention

jy was klein het jy gesê
jy kan seriously nie die
details onthou nie
verskillende mense onthou
verskillende weergawes
van dieselfde stories
jou pa het ingestap gekom

and his dad community builder of the year
his grandmother was a cashier
and his step-granddad drank for the pain

Cardo was a fine-looking young chap
with dark skin and light-coloured eyes
good-looking enough to speak English
he loved playing three-sticks
and rotten egg in the road
Tietie Gawa from the mobile said
Cardo was an angelic child

The night before Cardo's first day
of big school
the School Boys were shooting off fireworks in the street
Cardo peered out of the window
the bullet nestled in his throat
his mother did not cry
the politicians planted a small tree
and the Cape Doctor[2] tore it out
and flung it where the rest
of the Cape Flats dreams lie –

on the flats

(From: *Nuulat slapende honde*, Kwela Books, 2008)
(Tr. by Charl J.F. Cilliers)

Shaun 1
'I can taste the fear, lift me up and take me out of here'
The Arcade Fire, intervention

you were small you said
you could seriously not
remember the details
various people remember
various versions
of the same stories
your dad came walking in

[2.] The Cape Doctor (or "die Kaapse dokter" in Afrikaans) is the local name for the strong, persistent and dry south-easterly wind that blows on the South African coast from spring to late summer. It is know as the Cape Doctor because it has long been held to clear Cape Town of pollution and "pestilence".

iewers
jou ma aan haar arm gegryp
teen die muur gedruk en
geklap met die agterkant
van sy hand
jy is nie seker watter hand
dit was nie
jy onthou elke keer uit
verskillende rigtings
jy onthou die klap omdat
jou pa se naam ook Shaun
was
en jou ma het Shaun
geskreeu
jy wou opspring om te
gaan help
maar
was nie seker watter Shaun
sy na gevra het nie

Katie het kinders gehad

'Katie, Katie jy was nie net 'n meid nie, jy was 'n ma vir my'
Katie, Koos Kombuis

My auntie Katie was sestien toe sy in service begin
werk het sy het net tot standerd 5 skool gegaan
my ouma auntie Katie se ma was ook 'n huishulp
my auntie Katie was 'n baie glamorous vrou haar
hare het altyd blonde streaks in gehad sy het net
goue jewellery gedra en het nêrens sonder haar musky
perfume en rouge lipstiffie gegaan nie
behalwe
werk toe 'n mens moet altyd jou werk met pride doen
het my ouma haar gesê maar sy kon nie het sy geantwoord
sy wou lyk soos
sy voel het sy gesê soos die meid

somewhere
grabbed your mom by the arm
pressed her up against the wall and
slapped her with the back
of his hand
you aren't sure which hand
it was
each time you remember from
a different angle
you remember the slap because
Shaun was also your dad's
name
and it was Shaun your mother
shouted
you wanted to jump up
to help
but
you weren't sure which Shaun
she was referring to

(From: *Grond/Santekraam*, Kwela Books, 2011)
(Tr. by Charl J.F. Cilliers)

Katie had children

'Katie, Katie, you weren't just a servant girl, you were a mother to me'
Katie – Koos Kombuis

My aunt Katie was sixteen when she went
into service she only had Standard 5
my granny auntie Katie's mother was also a domestic
my aunt Katie was a very glamorous woman her
hair always had blonde streaks she wore only
gold jewellery and never went anywhere without
her musky perfume and rouge lipstick
except
to work one must always do one's work with pride
my granny told her but she could not she replied
she wanted to look like
she felt she said like a servant girl

(From: *Grond/Santekraam*, Kwela Books, 2011)
(Tr. by Charl J.F. Cilliers)

Dit vat 'n kat om 'n muis te vang

ek het my pa gaan soek
eers buitekant
waar mens mos begin
in die tuin tussen sy rankrose
toe in sy motorhuis
waar hy altyd in stilte besig is
laaste het ek binne gaan soek
waar mens mos eindig
drie kloppe
een
twee
drie
op jou merke gereed weg
my hand het sy asem opgehou
al vyf vingers se oë was toe
met die oopdraai van die handvatsel
het die deur gekreun
my vingers het my probeer waarsku
een
twee
drie
op my merke gereed weg
my oë was toe
maar ek kon hom sien
ek kon my pa sien hang
hy hang
en hy hang
en hy hang
sonder my
elke dag sonder om te val
hang hy
hy hang nou nog

It takes a cat to catch a mouse

first I went to look for my dad
outside
which is where one starts not so
in the garden amongst his ramblers
then in his garage
where he is always quietly working
last of all I went looking inside
which is where one ends up of course
three knocks
one
two
three
on your marks get set go
my hand held its breath
the eyes of all five fingers were closed
with the turning of the doorknob
the door groaned
my fingers tried to warn me
one
two
three
on my marks get set go
my eyes were shut
but I could see him
I could see my dad hanging
he is hanging
and he hangs
and he hangs
without me
every day without falling
he hangs
he is still hanging now

(From: *Grond/Santekraam*, Kwela Books, 2011)
(Tr. by Charl J.F. Cilliers)

grond

onder bevele van my voorgeslagte was jy besit
had ek taal kon ek skryf want jy was grond my grond

maar my wou jy nooit
hoe ek ook al strek om my neer te lê
in ruisende blou bloekoms
in bees wat horings sak in Diepvlei
rimpelend drink die trillende keelvel
in tafsytossels in leksels gom
in doringbome afgegly na die leegtes

mý wou jy nooit
my verduur kon jy nooit
keer op keer skud jy my af
rol jy my uit
grond, ek word langsaam naamloos in die mond

nou word geveg om jou
beding verdeel verkamp verkoop versteel verpand
ek wil ondergronds gaan met jou grond
grond wat my nie wou hê nie
grond wat nooit aan my behoort het nie

grond wat ek vergeefser as vroeër liefhet

elke dag kan ek met jou maak asof jy myne is
na die gravure van Thomas Bowen c.1777

Wanneer 'n mens die ewenaar oorsteek word als wildernis:
wit word swart, goed word kwaad, kultuur bring
'n omgekeerde barbarisme waarin niks 'n naam

Antjie Krog

land

under orders from my ancestors you were occupied
had I language I could write for you were land my land

but me you never wanted
no matter how I stretched to lie down
in rustling blue gums
in cattle lowering horns into Diepvlei
rippling the quivering jowls drinking
in silky tassels in dripping gum
in thorn trees that have slid down into emptiness

me you never wanted
me you could never endure
time and again you shook me off
you rolled me out
land, slowly I became nameless in my mouth

now you are fought over
negotiated divided paddocked sold stolen mortgaged
I want to go underground with you land
land that would not have me
land that never belonged to me

land that I love more fruitlessly than before

(From: *Gedigte 1989–1995*, Hond, 1995)
(Tr. by Karen Press)

Every day I treat this mountain as if it is mine
after two 18th century engravings

When one crosses the equator everything becomes wilderness:
White becomes black, good becomes bad, culture becomes
A kind of barbarism in which nothing has a name:

het nie: vrouens wat 'n tiet ver oor die skouer gooi
mensvreters, gevlerkte leeus, vulvas wat op die knieë hang
blaffende eenogiges en slange wat regop in die bome staan.

Jy kan begryp hoe verlig ons was toe ons 'n tafel sien staan
– net op 'n oggend iets so wonderlik gewoons in die wildernis
– iets beskaafds waaraan jy uiteindelik 'n geheue kan hang,
daarom wou ons met die naamgee geen eer bring
aan gode of konings nie, maar het dadelik 'n moerse party gegooi
op die suidpunt van Afrika en die berg 'Tafelberg' genoem.

Omdat ek jou benoem
het, laat ek jou in my skilderye bietjie hoër uitstaan –
soos 'n opregte tafel. Met jou as backdrop gooi
ons later arms noordwaarts en stileer uit die wildernis
jou buitelyne om jou as beroemde logo tuis te bring
– die land het gou geleer hoe krummels van die tafel val.

Jou tafelblad skilder ek netjies met niks wat skeef hang
nie. Dié kant van die baai bly diegene wat ons Hottentotte noem.
Hulle eet rou derms en kyk, om sy koei in die melk te bring
blaas daardie man jou wragtig by haar poepol in. Jy moet jou staan
ken hier, berg! Ek wil jou as legende laat bakstaan teen die wildernis
dus moet jy so 'n ietsie vorentoe kom wal gooi.

Windeberg en Leeukop moet jy asseblief soos twee arms oopgooi
in omhelsing. Vir my lyk dit, en vergeef my as ek die samehang
oorskat, asof jy ook maar soos die kontinent vanuit die wildernis
reikhalsend na ons uitgestaar het. Elke stukkie eiendom sal ek benoem
soos dit trapsgewys teen jou hellings staan –
sê wat jy wil, maar die burgers het soveel orde hiernatoe gebring

dat ek op my tekening weliswaar aangeplante tuine kan aanbring
in die boskasies. Terwyl ek nou daarmee besig is, gooi
ek sommer die kerk in ietwat groter skaal. Langs die jettie staan
'n galg – you never know, you know – die baai hang
vol dikgelaaide skepe wat aandoen by hierdie plek van naam.
Vir die kleurbalans plant ek twee kruinvlae teen die wildernis.

Women throw a tit over the shoulder
Cannibals, winged lions, vulvas hanging down to the knees
Barking one-eyed people and snakes standing upright in trees.

Nobody will ever believe our relief when, one morning, we saw this
Table – something simply so miraculously ordinary in the wilderness
– something so civilised one at last could pin a memory there.
That's why, when we named it, we didn't want to honour any
God or king, but simply threw a moerse party
On the southern tip and baptised it 'Table Mountain'.

Because I had named you
I let you now rise somewhat higher in my engraving –
Up – like a real table. So that with you as backdrop we could throw
Our arms northward, we could stylise your skyline against the wilderness
And, as famous logo, bring you home
– we learnt quickly how the crumbs can fall from tables.

Neatly I draw your tabletop – nothing will hang skew.
To the side of the bay I put those who we say call themselves Hottentots.
They eat raw intestines and look! to have his cow give milk, this man
blows into her bloody cunt. One has to know one's bearings, or what do
I say! To turn you into legend against the wilderness
I move you slightly more to the front – that's it, your feet closer to shore.

Windeberg and Leeukop, listen closely – throw your arms open
As if to embrace. To me it looks, and forgive me if I overestimate
Your reaching out, as if you and this continent groaneth and
Travaileth in pain until you could be delivered into glorious liberty
By the children of God. Every piece of property I will number and name
As it rises stepwise against your slopes –
Say what you want, but we did bring so much order to this place

That on my engraving I can have cultivated gardens
Blooming in the wilderness. And while I'm at it, let me show
The church in a larger scale. Next to the jetty, there, let's
Have the gallows – you never know, you know – this bay hangs
Full of heavily loaded ships anchoring at this place of Name.
For colour balance I smartly plant two flags flying over chaos.

Wat hierdie ets ook al bybring en waarmee dit later saamhang
hoe wyd jy jou oog wil gooi en hoe innig jy alles ook al wil benoem
jy beter saam met Mandela by ons wittes staan. Out there, my dear
it's a jungle!

colonialism of a special kind

1.
'ek is vergewe en aanvaar ...
ek kan aangaan met my lewe'

'ek het vergewe en aanvaar ...
en hulle gaan aan met hulle lewens'

'ek is verstom dat ek vergewe is ...
hulle kan nie eers effektief haat nie'

'ek is verstom dat ek vergewe het ...
en hulle gaan aan asof niks verander het nie'

geregtigheid is vir die rykes
vergifnis vir die armes

mense staan beskaamd dat hulle vergewe het

ten diepste respekteer ons woede
verstaan ons haat
bewonder ons wraak

2.
wat word van hulle wat verkies om die aarde lig te bewoon
vandag hier môre daar
die enigste spore wat hulle laat
die taal van gras en bome

wat word van hulle?

Whatever this engraving adds and whatever it leaves out
However wide one casts the eye, however carefully one names,
Like Mandela you better be on our side, because out there, my dear,
                                                    the jungle claims!

(From: *Verweerskrif*, Umuzi Publishers, 2006)
(Tr. by the author)

colonialism of a special kind

1.
'I am forgiven and accepted ...
I can continue with my life'

'I have forgiven and accepted ...
and they continue with their lives'

'I am dumbstruck that I've been forgiven ...
they seem not to be able even to hate effectively'

'I am dumbstruck that I have forgiven ...
and they continue as if nothing has happened'

justice for the rich
forgiveness for the poor

people are made ashamed that they have forgiven

because at the deepest level
we respect anger
understand hate
admire revenge

2.
what happens to those who choose to live on the earth lightly
here today gone tomorrow
the only trace they leave
is the language of grass and trees

what becomes of them?

die aarde behoort aan die magtiges
en die volheid daarvan
die wêreld en dié wat daarin woon

wat word van hulle?

land van genade en verdriet

1.
tussen jou en my
hoe verskriklik
hoe wanhopig
hoe vernietig breek dit tussen jou en my

soveel verwonding vir waarheid
soveel verwoesting
so min het oorgebly vir oorlewing

waar gaan ons heen van hier?

jou stem slinger
in woede
langs die kil snerpende sweep van my verlede
hoe lank duur dit?
hoe lank vir 'n stem
om 'n ander te bereik

in dié land so bloeiende tussen ons

2.
in die begin is sien
sien vir eeue
die kop vul met as
geen suurstof
geen spriet
by sien word eindelik woord gevoeg
en die oog stort af in die woedende wond

hoor! hoor die opwel van medemenslike taal
    in haar sagte weerlose skedel

what becomes of those who choose to care for other people?
who always look for the human in rich and poor
who cannot endure that other people suffer

what becomes of them?

(From: *Verweerskrif*, Umuzi, 2006)
(Tr. by the author)

country of grief and grace

1.
between you and me
how desperately
how it aches
how desperately it aches between you and me

so much hurt for truth
so much destruction
so little left for survival

where do we go from here

your voice slung
in anger
over the solid cold length of our past
how long does it take
for a voice
to reach another

2.
in the beginning is seeing
seeing for ages
filling the head with ash
no air
no tendril
now to seeing speaking is added
and the eye plunges into the wounds of anger
seizing the surge of language by its soft bare skull

hear oh hear
the voices all the voices of the land

en hoor die stemme
die talige stemme van die land
   almal gedoop in die lettergreep van bloed en hoort
be-hoort die land uiteindelik aan die stemme wat daarin woon
lê die land aan die voete van verhale
   van saffraan en amber
   engelhaar en kwets
   dou en eer en draad

   3.
woordeloos staan ek
waar sal my woorde vandaan kom?
vir die doeners
die huiweraars
die banges
wat bewend-siek hang
aan die geluidlose ruimte van ons onherbergsame verlede

wat sê 'n mens?
wat de hel dóén 'n mens
met dié drag ontkroonde geraamtes, oorsprong, skande en as

die land van my gewete verdwyn sissend
soos 'n laken in die donker

   6.
die liggaam beroof
die blind gefolterde keel
die prys van die land van verskrikking
is die grootte van 'n hart

verdriet draal so alleen
as die stemme van die angstiges verdrink op die wind

jy gee nie op nie
jy trap 'n voetpad oop met seer versigtige stappe
jy sny my los

in lig in – liefliker, ligter en kraniger as lied

mag ek jou vashou my suster
in dié brose oopvou van 'n nuwe, enkele medewoord

all baptised in syllables of blood and belonging
this country belongs to the voices of those who live in it
this landscape lies at the feet at last
of the stories of saffron and amber
angel hair and barbs
dew and hay and hurt

3.
speechless I stand
whence will words now come?
for us the doers
the hesitant
we who hang quivering and ill
from this soundless space of an Afrikaner past?
what does one say?
what the hell does one do
with this load of decrowned skeletons origins shame and ash
the country of my conscience
is disappearing forever like a sheet in the dark

6.
this body bereft
this blind tortured throat

the price of this country of death
is the size of a heart

grief comes so lonely
as the voices of the anguished drown on the wind

you do not lie down
you open up a pathway with slow sad steps
you cut me loose

into light – lovelier, lighter and braver than song

may I hold you my sister
in this warm fragile unfolding of the word humane

(From: '*Country of Grief and Grace*', stanzas (1), (2), (3) and (6) from *Kleur kom nooit alleen nie*, Kwela Books, 2000)
(Tr. by the author)

Bismarck en die tuinman

Hier waar ek lê
in lou badwater
voel ek hoe die somerhitte druk.
Ek sweet
onder my papnat gewasde hare.
Die sonbesies buite
klink soos 'n sameswering;
herinner my
aan my kuiers by Leon met die groot ore
toe ek 11 was –
Leon, die enkelkind in die groot huis
met 'n swembad en 'n tennisbaan
en al die jongste plate en 'n ouma
wat altyd tuis was
om koekies en koeldrank aan te dra
vir ons wat na Wham of Michael Jackson luister.

Op die tennisbaan
het Leon my gemaklik geklop,
maar toe ek eendag 'n stel wen,
het hy sy raket op die grond gegooi
en binnetoe gehardloop.

Op die vuurwarm tennisbaan
het ek onseker agtergebly –
die kombuis se sifdeur wat agter Leon toeklap;
die sonbesies wat te kere gaan.
Bismarck die Rottweiler –
'n knorrige, opvlieënde bliksem –
het tussen my en die agterdeur kom staan.
Vir Bismarck was ek bitter bang.
Hy't eenkeer na my gehap.
In my nagmerries
het hy altyd van agter gekom.
Met die grom en die omkyk
was dit te laat.
Sy kake het maklik om my ribbekas gevou,
die tande wat in my vleis wegsink

Danie Marais

Bismarck and the gardener

Here where I lie
in tepid bath water
I feel the heat of summer bearing down.
I sweat
under my soaking newly washed hair.
The cicadas outside
sound like a conspiracy,
reminding me
of my visits to Leon with the big ears
when I was 11 –
Leon, the single child in the large house
with a swimming pool and a tennis court
and all the latest records and a grandmother
always home to serve
cookies and cool drinks while we listened
to Wham or Michael Jackson.

On the tennis court
Leon beat me with ease,
but when I won a set one day,
he flung down his tennis racket
and ran into the house.

Undecided, I remained behind
on the fiery hot tennis court,
the kitchen's screen door slamming shut behind Leon;
the cicadas making a racket.
Bismarck the Rottweiler –
a cranky son of a bitch –
came and stood between me and the back door.
I was truly terrified of Bismarck.
Once he had snapped at me.
In my nightmares
he always approached from behind.
When he growled and I looked back
it was already too late.
His jaws slipped easily over my ribcage
his teeth sinking into my flesh

soos stewels in modder.
Hy't my in sy bek opgetel –
ek kon my hopelose tennisskoene in die lug
sien spartel.
Ek was te bang om te skree.

Maar die tuinier het vir my geglimlag
en gewaai.
Ek kon nooit verstaan hoekom
die tuinman met my vriendelik is nie.
Leon het my vertel
hoe hy die tuinman bekruip
wanneer hy die gras sny,
en hom met sy BB-gun skiet.
Kon 'n mens 'n verskil
tussen my en Leon sien?
Was die tuinman so bang vir Bismarck
soos ek?
Het hy Leon gehaat
soos ek hom sou haat
as ek die tuinman was?
Dat die tuinman vir Leon eendag
met sy tuinvurk sou doodsteek,
was nie vir my onwaarskynlik nie.
In die somerhitte en my angs
is sy wit glimlag
tot 'n hatige gryns verwring.
Die bloed in my ore
het harder gesuis as die sonbesies.
Ek was naar en duiselig,
maar niemand het kom help nie,
niemand het my op die tennisbaan sien staan nie.
Ek het vriendelik vir die tuinman gewaai.

Wanneer ek bang vir binne
en bang vir buite
soos vandag in die bad dobber,
weet ek glad nie hoe om uit te klim nie.

Buite patrolleer Bismarck die aarde.
Binne glimlag die tuinman breed.

like boots into mud.
He picked me up in his mouth –
I could see my helpless tennis shoes thrashing
in the air.
I was too scared to cry out.

But the gardener smiled at me
as he waved.
I could never understand why
the gardener was being so friendly.
Leon once told me
how he stalked the gardener
while he was cutting the grass
and shot him with his BB-gun.
Could one see a difference
between Leon and me?
Was the gardener as scared of Bismarck
as I was?
Did he hate Leon
as much as I would have
if I were the gardener ?
That the gardener would one day
kill Leon with his garden fork
did not seem far-fetched to me.
The summer heat and my fear
twisted his white smile
into a hateful grimace.
The blood in my ears
droned louder than the cicadas.
I was nauseous and dizzy
but no one came to help me,
no one saw me standing on the tennis court.
I gave the gardener a friendly wave.

When, like today, I'm scared
inside and out,
floating in the tub,
I have no clue how to get out.

Outside Bismarck patrols the earth.
Inside the gardener smiles knowingly.

(From: *Al is die maan 'n misverstand*, Tafelberg Publishers, 2009)
(Tr. by Charl J.F. Cilliers)

Groot-Karoo en voëltjie-klein

I placed a jar in Tennessee,
and round it was, upon a hill.
It made the slovenly wilderness
surround that hill.

The wilderness rose up to it,
and sprawled around, no longer wild.
　　　 – Wallace Stevens, "Anecdote of the Jar"

Maar verf jy 'n koppie in die Groot-Karoo
en droom daarop 'n voëltjie
teen die swart gat van die nag daarbo
word die wildernis net wilder
die swart nag raak gitter
die stilte bloot wyer
en die wilder word leër
en die nikser groei breër
en die dieper raak banger
al sit die voëltjie dapper daar –
'n veertjie asem in silwer skyn
op 'n koppie in die klipwoestyn.

Want wat is vlerke in dié dooie niet
anders as vinne in die lug
en liefde sonder hande?
En tog was die voëltjie daar
en die wildernis sonder haar
'n kleiner, treuriger klank.

Stemme

Vanoggend vyfuur huil jy ons wakker.
Dis my beurt en ek steier
slaapdronk na jou kamer.
"Toemaar, Kersiepit,
ek is hier, Pappa is hier,"
sê ek in die deur.

Great-Karoo and Tiny Bird

I placed a jar in Tennessee,
and round it was, upon a hill.
It made the slovenly wilderness
surround that hill.

The wilderness rose up to it,
and sprawled around, no longer wild.
    – Wallace Stevens, "Anecdote of the Jar"

But paint a hillock in the Great-Karoo
and dream a tiny bird
against the deep hole of dark night too
and the wilderness just grows wilder
the black night turns blacker
the silence gapes wider
and wilder stares emptier
and nothing becomes bigger
and deeper gets scarier
though the little bird sits bravely there
a feathery breath in silvery light
on a hillock in the stony desert night.
For what are wings in this dead land
other than fins in the air
or love without hands?
And yet the small bird was there,
and the wilderness without her
a tinier, sadder sound.

(From: *Al is die maan 'n misverstand*, Tafelberg Publishers, 2009)
(Tr. by Charl J.F. Cilliers)

Voices

At five o'clock this morning your crying woke us.
It was my turn and, heavy with sleep,
I staggered to your room:
"Never mind, Cherry Pip,
I'm here, Daddy's here,"
I said at your door.

En jy hou dadelik op huil
al kan jy my nog nie sien
uit jou diep Mosesmandjie
waar jy skilpadjie op die rug lê nie.
Uit die duister oneindigheid
om jou wiegie met sy wasempie mens
hoor jy my stem
en glo?
Ek wil jou op die daad waarsku om versigtig te wees
vir leë beloftes soos stemme en woorde,
maar hoe waarsku jy jou hart
as sy nege weke oud is
teen die eggo's van haar eie asem?
Hoe kan ek praat –
ek wat nagte om gesus is
deur die agteraf stemme in boeke,
die verbete blou ridders in vergete ou liedjies,
die hersenskimme en oorgelewerde kontinente
in die sagte woorde van my ma?

En toe sien ek jou, my dogter,
en jy glimlag vir my
sonder tande of voorbehoud
en jare later kom ek steeds aangehardloop
soos 'n hele plaaswerf vol ou honde en katte en ganse en kuikens
na die grensdraad van die liefde
en die klank van jou tinktinkie-verlange.

Stellenbosch Revisited

Stellenbosch is kastig 'n classic,
maar ek het haar 20 jaar gelede
by die venster uitgesmyt –
"hopeloos oorskat" het ek gesê,

soos *On the Road*, Parys of die 60's.
Liewer grinterig lewe en na hartelus vergaan
as 'n versuikerde pilletjie elke dag
in dié aftree-oord van drome, dankie.

174

And at once you stopped crying,
even though you could not see me yet
from your deep Moses Basket
where you lay like a tortoise on its back.
From the dark infinity
around your cradle with its wisp of life,
did you hear my voice
and believe?
At once I wanted to warn you: be careful
of the empty promises of voices and words,
but how do you warn your own heart
when it's nine weeks old
against the echoes of its own breath?
Who am I to talk –
I whose nights have been soothed so often
by covert voices in books,
the relentless blue riders of forgotten old songs,
the phantoms and imaginary continents handed down
in the gentle words of my mother?

And then I saw you, daughter of mine,
and you smiled at me
without teeth and without any reserve
and years later I still come running
like a whole farmyard of old dogs, geese, chicks and kittens
towards the boundary fence of love
and the tiny twitters of your longing.

(From : *Al is die maan 'n misverstand*, Tafelberg Publishers, 2009)
(Tr. by Charl J.F. Cilliers)

Stellenbosch Revisited

Stellenbosch is supposedly a classic,
but 20 years ago I chucked it all
out of the window –
"hopelessly overrated", was what I said,

like *On the Road*, Paris or the 60's.
Rather live a gritty life and go under with abandon
than take a sugar-coated pill each day
in *this* retirement home of dreams, thank you!

Maar dis 20 jaar later en ek weet nie meer lekker
waaroor ons parogiale stryd destyds was nie.
Ek wantrou steeds Hollywood, Frankryk en kerkmusiek –
alles wat te geslepe, mak mooi of monumentaal is,

maar o, Stellenbosch, dis 20 subversiewe jare later en ek is besig
om weer 'n swak te ontwikkel vir jou
bleddie beautiful Bolandse lentes jou teatrale
sonsondergange, jou selfingenome berge.

Jy lyk wragtig nie 'n dag ouer nie, inteendeel,
jy't laat werk aan jou gesig jou cappuccino's
stoom onverstoord geborge
in die blaaie van 'n *Lonely Planet*-gids.

Stellenbosch, bokkie, I'm not okay
and you're not okay
maar dis oukei –
wat jy sien, is wat jy kry

en ek kyk nou sonder verwagtings,
sonder wanhoop of verweer na jou lanings,
jou akkers, jou wingerde, jou blakende, wesenlose studente
al jou edel sentimente.

Jy was eintlik onskuldig,
intellektueel misbruik soos die meeste simbole
'n magtige lugspieëling, erfsonde
van 'n hulpelose rykmanskind.

Stellenbosch, on second thoughts,
jy is 'n verkragte classic –
'n bergie met 'n gewel uit 1840
vir 'n hoed, 'n Picasso met ore
vir oë en monde vir ore; 'n meer tragiese
verstrengeling van lig en donker, 'n beter balans
tussen waarheid en digting
sal jy kwalik kry, maar ek bly
die period piece, ek is verby

But it's 20 years later and I can no longer really fathom
what our parochial tiff back then was all about.
I still mistrust Hollywood, France and church music –
everything that is too artful, tame beautiful or monumental,

but oh, Stellenbosch, it's 20 subversive years later and I'm beginning
to develop a soft spot again for your
bloody beautiful Boland springtimes, your theatrical
sunsets, your self-complacent mountains.

You really don't look one day older; on the contrary
you've had work done on your face; steam rises freely
from your cappuccinos, secure
within the pages of a *Lonely Planet* guide.

Stellenbosch, baby, I'm not okay
and you're not okay
but that's okay –
what you see's what you get, I say,

and now I look, without expectation,
despair or defence, at your avenues,
your oaks, your vines, your radiant, vacuous students,
all your noble sentiments.

You were actually not to blame,
intellectually abused, like most symbols,
a mighty mirage, birth-sin
of a helpless rich man's child.

On second thoughts, Stellenbosch,
you are a violated classic –
a bergie with an 1840s gable
for a hat, a Picasso with ears
for eyes and mouths for ears; a more tragic
entanglement of light and dark, a better balance
between truth and fabrication
is really inconceivable; but I remain
the period-piece; I am over –

nou eers kan ek jou argitektuur
in die skemering bewonder, nou eers
gaan ek vredig lê soos stof
op die fyngetrekte Kaaps-Hollandse lyne

van jou brose, jou wrede ou, barbaarse beskawing.

Nuwe oë

Die liefde is nie 'n dokter nie,
maar dis diep narkose –
die natuur se eie date-rape drug –
en ek en jy het eers jare later
in 'n skakelhuisie in Woodstock bygekom
aan 'n geel kombuistafel met 'n kakkerlak
vasgekeer in die digitale horlosie
van die nuwe mikrogolfoond en 'n brommer wat
al teen die al teen die al
teen die kombuisvenster vas.

Jy was besig om girts-girts botter
op jou roosterbrood te smeer en ek kon nie
glo ek het nooit voorheen die gapende swart
mammagrootte-gat
in jou bors voel suig nie.
Ek het gestaar.
Dit was hipnoties, het gesing –
'n sirene.
Jy het opgekyk en geglimlag nes steke
wat ooptrek.
Jy het op 'n druppel soos my vrou gelyk.

In die kamer het 'n babadogter vir ons
begin huil.

only now in twilight am I able to admire
your architecture; only now
am I peacefully settling like dust
on the botoxed Cape-Dutch lines

of your fragile, your cruel old, barbaric civilisation.

(From: *Solank verlange die sweep swaai*, Tafelberg Publishers, 2014)
(Tr. by Charl J.F. Cilliers)

New Eyes

Love is not a doctor,
it's deep narcosis –
nature's very own date-rape drug –
and it was only years later that you and I
came to in a small semi-detached in Woodstock
at a yellow kitchen table with a cockroach
caught in the digital clock
of the new microwave, and a blowfly
banging its head, again and again, against
the kitchen windowpane.

You were scraping butter
onto your toast, and I could not
believe I had never noticed
the gaping black Mommy
hole sucking away in your chest.
I kept staring.
It was an hypnotic, singing sound –
a siren.
You looked up and smiled, like stitches
coming loose.
You were the spitting image of my wife.

In the room a baby daughter began crying
for us.

(From: *Solank verlange die sweep swaai*, Tafelberg Publishers, 2014)
(Tr. by Charl J.F. Cilliers)

Flits uit 'n jeug

In die knarsryp breek die hings
nog 'n keer los en trap bloed
uit die omsigtige kring,
hardloop dol deur die kaal boord
oor die rou spitwerk 'n spoor
in die môre en gaan stoom
behoedsaam by die hoekpaal.
As ons nader kom, vlug hy
vos en mooi van ons af weg,
kraak dan kniediep die dun ys
op die gronddam, kyk hierheen
en knipmesloop soos die wind
die bome in. Maar die strop
kry die nek voor hy weer draai
en pootuit kom hy grond toe
vir die mes om hom te sny.

Wakker

Negeuur word die Coleman afgedraai.
Die sakkie gloei gou dowwer en doof uit.
As almal slaap, lê ek wawyd wakker
en spits my ore. In die bot plaashuis
– voordeur, agterdeur, gangdeur, kamerdeur
gesluit en elkeen ook stewig op knip –
kraak die ou plafonne en plankvloere,
en ek hoor net-net die grondpleister sif
agter die plakpapier met reënriffels;
of Ma se kreun asof sy beangs is
en niemand het om daarvan te sê nie.

Johann Lodewyk Marais

A Youthful Flash

In grinding frost the stallion
broke free again and trod blood
amidst the cautious circle;
ran wild through the bare orchard –
and over newly dug earth
tracks in the morning – to steam
warily at the corner post.
When we approached, the lovely
sorrel started and took flight,
cracking, knee-deep, the thin ice
on the earth dam, looked this way,
and jack-knifed, quick as the wind,
into the trees. But the halter
caught his neck before he turned
and was brought down, exhausted,
for the knife-blade's final cut.

(From: *Die somer is 'n dag oud,* Human & Rousseau, 1983)
Tr. by Charl J.F. Cilliers)

Awake

At nine o'clock the Coleman is turned off.
The small bag quickly dims and then goes out.
When all are sleeping I lie wide awake
and prick my ears. In the muffled farmhouse
– front door, back door, door to passage and room
are locked, and each one also latched up tight –
the old ceiling boards and wooden floors creak,
and I only just hear the earth-plaster sift
behind the rainy streaks of the wallpaper;
or Mom's whimper as if she were alarmed
and had no one to share the feeling with.

Pa haal vannag diep en rustig asem
teen my aangeskuif op die dubbelbed
en snork skaars. Skaduwees roer teen die muur:
lig wat val, en seker niks is nie, dít
en skurwe takke van 'n boom, maar niks
meer nie as 'n motor wat verbydreun
op die grootpad na Collinspas. Die hond
gaan blaf op die verste hoek van die werf
en 'n trom klink dof en onbekende
mense vier so te sê onhoorbaar fees.
Dan word dit weer stil. As 'n man kom klop
aan die venster om te sê iemand is
met 'n mes gesteek, skrik ek my yskoud.

Bloubok

Hippotragus leucophaeus

Ek wil in my vers 'n bloubok laat loop
in vlaktes Kaapse gras voor die invoer
van skape in 400 n.C.
en ons klein historie van skiet en skiet
om trofeë op die voorstoep te hang.
Voor geweerskote sou klap, wiele rol
en hartbeeshuise diep die binneland
intrek, het in klein troppies of alleen
dofblou, byna grys, die bloubok gewei.
Die kop (bruin voor en ligter aan die kant)
sal hy flink optel om te kyk na klip
en grasveld tot teen die gekartelde
horison waar die gletsers talmend skuif.
In Smithers se taksonomie beskryf
hy (volledig) "smal, gepunte ore",
"'n liggekleurde bolip" en die mooi
gerifde horings se egalige
kurwe (kyk bl. 699).
Die bene met strepe aan die voorkant
en die donker stert wat by die hak hang,

Tonight Dad's breathing deeply, restfully,
nudged up against me on the double bed;
barely snores. Shadows move against the wall:
light that falls – most probably nothing – that
and rough branches of a tree, but nothing
more than a motor vehicle rumbling by
on the main road to Collins Pass. The dog
runs off to bark in the furthest corner
of the yard; the distant sound of a drum;
barely heard revelry of persons unknown.
Then there's silence again. If a man knocked
at the window to say someone has been
stabbed with a knife, fear would chill me to the bone.

(From: *Palimpses*, Human & Rousseau, 1987)
(Tr. by Charl J.F. Cilliers)

Blue Buck

   Hippotragus leucophaeus

I want my poem to let the blue buck walk
in fields of Cape grass as he did before
sheep appeared in the year AD 400
and our small history of shooting, shooting
to get trophies to hang on the front stoep.
Before shots rang out, wheels started rolling
and deep inland the wattle-and-daub huts
sprang up, the buck, a dull blue, almost grey,
grazed in tiny herds or in solitude.
His head (brown in front, lighter on the sides)
he'd lift alertly to stare at a stone
and grasslands that stretched to the far, jagged
horizon where lingering glaciers shifted.
Smithers, in his taxonomy, describes
(in fine detail) the "narrow, pointed ears",
"a light-coloured upper lip", the lovely
uniform curves of its two fluted horns (see p. 699).
The legs with stripes that ran along the front
and the dark tail that hung down to the hoof,

verdof in 'n glaskas in 'n museum.
Dan tree hy luiters wei-wei uit die tyd
of hy loskom uit die gesoute vel,
opgestop en onsigbaar vasgenaai,
werkliker as uit François le Vaillant
se kwas van 1781.
Van die bloubok se draf oor sagte gras
en sy spore oor die vlaktes bly slegs
die taksidermie van die vers intak.

Groot Zimbabwe

Oor die savanne sak die sluimering.
Die bobbejaan spring van die wildevy
tot op die klipmuur aan die oostekant
met wit, geel en grys ligene gevlek.

Draal die nag nog, dan staan die luiperd op
en sluip al hoe nader. Die wind gaan lê.
Die brandwag trap in sy paniek 'n klip
af wat tuimel en nog klippers losruk.

Onaangeraak wag die agt seepsteenvoëls
tussen die mure om gevind te word
en uit dié klippe tot totem te groei
wat mense mekaar van hand tot hand reik.

Onder die maroela
Public participation

Onder die maroela staan ek en praat
oor die damprojek in die Lomati.
Oriënteer die mense wat om my
saam met die indoena en sy raadslede

dulled in a glass case in a museum.
Then he grazes unaware, snatched out of time,
as if he'd broken free of his cured hide,
stuffed and sewn up with camouflaged stitches,
more real than the 1781
depiction by François la Vaillant.
Of the blue buck running over soft grass
and his tracks across the veld, all that is
left is the taxidermy of the poem.

(From: *Verweerde Aardbol*, Human & Rousseau, 1992)
(Tr. by Charl J.F. Cilliers)

Great Zimbabwe

A drowsiness falls on the savannah.
The baboon jumps down from the wild fig tree
onto the stone wall on the eastern side
with its white, grey, yellow lichen blotches.

As dead of night lingers, the leopard stirs
and creeps ever nearer. The wind dies down.
The sentinel baboon's panic loosens
a stone, dislodging others in their turn.

Undisturbed, the eight mute soapstone birds wait
between the old walls to be discovered
and to grow from mere stones into totems
handed down to one another as time passes.

(From: *Aves*, Protea Book House, 2002)
(Tr. by Charl J.F. Cilliers)

Under the Marula Tree
Public Participation

Under the marula I stood talking
about the dam project in the Lomati.
Positioned the people gathered round me
with the induna and his councillors

op hierdie Sondagmôre vergader.
Wys op die kaart oos en wes, noord en suid.
Wys die toegangspaaie, die leengroewe,
die damwal, die werkers se kwartiere
en vertel hoe die water oor vyf jaar
oor hulle huise en landerye
en weivelde wyd en oop gaan uitklad.
Ek praat en praat oor die Matsamo-stam
se grond en die nuwe suikermeule,
die besproeiingskema, die werk, die geld –
al die ontwikkelaar se beloftes.
Die kleinboere en kleihuiseienaars
sit soos 'n gemeente stil en luister
toe die langasempie soos 'n engel
uit 'n lappie mielies aangevlieg kom
en hom op die ingenieurskaart neerplak.
Maar my tolk het hom vinnig afgeklap
en onder sy Adidas doodgetrap.

Kameelperd

Giraffa camelopardalis

Die honde het deur die mopanieveld
geloei om die wild oor die droë land
teen die doringdraad in 'n hoek te dryf.

Dit is net die honde wat lawaai het.
Die hoewe van die prooi het voortgedreun
tot waar hulle voor êrens vashardloop.

Die honde het telkens verbygejaag
by die grootste en die heel langste een
asof hulle hóm nie kom soek het nie.

Maar toe, skielik, wurg hy buite bereik
van die milde knoppiesdoringblare.
Wurg, wurg aan 'n gevlegte doringdraad.

at this meeting on a Sunday morning.
On the blueprint pointed east, west, north and south
at access roads, the borrow-pit channels,
the dam wall, the workers' living quarters,
at how, over a period of five years,
a wide area of water would submerge
their houses, their fields and their grazing land.
At length I discussed the Matsamo tribe's
available land, the new sugar mills,
the irrigation scheme, work, money – all
the promises made by the developer.
The small farmers and owners of mud huts
sat like a congregation listening
as, like an angel, a shrill, long-winded
katydid flew out of a patch of mealies
and landed on the engineer's blueprint.
But my interpreter just brushed it off,
crushing it flat under his Adidas.

(From: *Plaaslike kennis*, Protea Book House, 2004)
(Tr. by Charl J.F. Cilliers)

Giraffe
   Giraffa camelopardalis

The dogs howled across the mopani veld
to drive the game across the arid land
into a corner of the barbed-wire fence.

Only the dogs had created a din.
The hooves of the prey went thundering on
until they were blocked some distance ahead.

One after another the dogs raced past
the largest and the tallest of the bunch
as if they had not come looking for *him*.

But suddenly he was choked, out of reach
of leaves of the bounteous knob-thorn tree.
Choked, choked on a twisted barbed-wire fence.

Kyk al die getuienis: 'n stuk vel,
drie pote en die kop met die oop bek.
Is daar iemand vir wie ons dit kan wys?

"Want ek is steeds vir die mopanies lief,"
prewel 'n ou wit man en begin huil
toe hy sy rug op die geraamte keer.

Plaasbesetting, Zimbabwe

Here's all the evidence: a scrap of hide,
three hooves and the head with mouth agape.
Is there someone we can perhaps show this to?

"For I still treasure the mopani trees,"
an old white man mumbled, starting to weep
as he turned away from the skeleton there.

Farm Invasion, Zimbabwe

(From: *Diorama,* Protea Book House, 2010)
(Tr. by Charl J.F. Cilliers)

\

PAPIERTJIE

aan 't stry oor die politiek gaan sit almal aan tafel, maar
als kantel, eetgerei kletter, glase mors wyn
gaste kyk agterna soos ek die trappe op verdwyn
na my lessenaar, gedek vir skryf, chaotiesdeurmekaar
ek vat 'n halfklaargedig, vou dit 'n paar keer
stoot dit onder die poot sodat als balanseer
die mense glimlag, klink 'n glasie op my
ek dink: ai, papiertjie, dís ware littérature engagée

BIOLOGIELES

dus die volgende aangaande die liefde:
eerstens, dit is ingelê in vloeistowwe wat bietjies-bietjies borrel
gal, maagsap, alle soorte ensieme
dit ken geensins die cheapness van bloed
en, godbehoed, trane nie
tweedens, dit sit in die murg
of ten minste in die rou aansteeklike dinge van die longe
wat swel en teen ribbekaste druk
onthou, derdens, het dit min te make
met die hardkoppige hart wat aanhou ruk.
egter 'n laaste beeld as waarskuwing:
die skerwe van gebroke harte
is nes dié van porseleinkitsch en light bulbs:
hulle kerf fyn en diep die voetsole in

Loftus Marais

PIECE OF PAPER

arguing about politics, all take their seats at the table: there
everything tilts, cutlery clatters, wine glasses slop
the guests watch me climb the stairs to the top,
to my desk set for writing, chaos everywhere
a half-finished poem I fold and fold some more
shove it under the leg to make the balance sure
smilingly each raises a glass, turns my way
I think: oh, scrap of paper, that's true littérature engagée

(From: *Staan in die algemeen nader aan vensters*, Tafelberg Publishers, 2008)
(Tr. by Charl J.F. Cilliers)

BIOLOGY LESSON

the following, therefore, regarding love:
firstly, it is pickled in juices that bubble intermittently
gall, stomach juices, all kinds of enzymes,
knows nothing about the cheapness of blood
and, heaven forbid, tears
secondly, it's in the marrow
or at least in the raw contagious parts of the lungs
pressing ribcages behind which they swell
remember, thirdly, it has nothing to do
with the stubborn heart that keeps on jerking.
however, a last cautionary image:
the strewn shards of broken hearts
are just like those of porcelain kitsch and light bulbs:
they cut sharp and deep into the souls of feet

(From: *Staan in die algemeen nader aan vensters*, Tafelberg Publishers, 2008)
(Tr. by Charl J.F. Cilliers)

NA 'N GRAND UITSTALLING

op pad huis toe na 'n grand uitstalling
ry ek verby
'n padverwery
die strepe van munisipale semi-mondriane
is 'n eerlike landskapskildery
na al die "art for art's sake" waarna ek moes kyk
(for god's sake)
selfs rothko kon iets leer
by die verwer in sy overalls
gekniel by sy kwas
soos hy sy wit en geel en rooi daar smeer
almal weet wat dit beteken
'n werker waai sy vlag
dieselfde rooi as onthullingsgordyne
gucci-rokke en stillewe-appels
maar dit sê eenvoudig wag
en ek wag
en na 'n tyd kan ek ry
huis toe
soos ek my pad vind op 'n lyn
wat die verdwynpunt áltyd laat verskyn

OP 'N STOEP IN ORANJEZICHT

selfs die middelklas lyk van hier af onskadelik:
die praatjies oor backpacking en ervaring
en "ontluikende skrywers se noodsaaklike swerfjaar"
is dalk 'n soetsappige soort stront – het jy meer nodig
as daagliksheid só gerangskik:
dakfasette, boomgroene, halfagt se lig
en die absurde tinfoil voetlys van die see

skemerkaapstad na twee glase wyn:
'n ding vol hoekies en stemme en graffiti,
aanmekaargestik deur treine onder oorbrûe
en oor leë paaie – wolk en besoedeling

AFTER A GRAND EXHIBITION

driving home after a grand exhibition
i drive by
road paint being applied
the brushstrokes of municipal semi-mondrians
are a landscape painting that does not lie
after all the "art for art's sake" i have had to take
in (for god's sake)
even rothko could learn
from the painter in his overalls
kneeling by his brush
as he applies his white and yellow and red
everyone knows what it means
a worker's flag communicates
the same red as unveiling curtains
gucci dresses and still-life apples
but it simply says wait
and i wait
after a while i can proceed
homeward
finding my way along a sheer
line that always lets the vanishing point appear

(From: *Staan in die algemeen nader aan vensters*, Tafelberg Publishers, 2008)
(Tr. by Charl J.F. Cilliers)

ON A STOEP IN ORANJEZICHT

even the middle class looks harmless from this range:
the talk about backpacking and experience
and the "essential backpacking year of burgeoning writers"
is perhaps a sentimental kind of shit – do you need more
than dailyness arranged like this:
roof facets, tree greens, the light of half past eight
and the absurd tinfoil plinth moulding of the sea

cape town at dusk after two glasses of wine:
full of small corners, voices and graffiti
stitched together by trains under overpasses
and over empty roads – cloud and pollution

en see en strand en buurt na buurt
gaan sit soos sediment vanaand, maar roer:
sy is vreemd genoeg vir my

die korse duifkak op haar standbeelde
laat my dink aan die oppervlak van die maan

STILL LIFE WITH WILD LIFE

hier slaap almal. ook karen se man
wat vandag die gras gesny het.
maar karen vind haarself 'n insomniac vanaand
in haar smaakvolle nagjassie voor die kassie:
een of ander david attenborough special.
bokkies word deur leeus verskeur.
sebras kopuleer.
'n vlieg verdwyn in 'n giftige blomkelk.
sy vat 'n sluk warm melk, sit haar glas
op 'n coaster, kyk verder.
buite in die stilte groei die gras

WEDERKOMS

en wanneer die ramshorings blaas
en die hele wêreld terugtrek jerusalem toe
in gypsy karavane en campers
en in busse en busse vol afgepiste ateïste
sal ek myself mooimaak
regmaak
ek sal my sondes soos juwele dra
want hulle is mýne
my gitrok sal skitter
'n parfuum van skande en swael
sal om my hang

and sea and beach and suburb after suburb
settle like sediment this evening, but stir:
she is strange enough for me

the crusts of pigeon shit on her statues
remind me of the surface of the moon

(From: *Staan in die algemeen nader aan vensters*, Tafelberg Publishers, 2008)
(Tr. by Charl J.F. Cilliers)

STILL LIFE WITH WILD LIFE

here all are asleep, karen's husband too,
the one who mowed the lawn today.
but karen finds that she's an insomniac tonight
in her nifty nightdress in front of the box:
some or other david attenborough special.
lions devour tiny buck
zebras fuck
a fly slips down the throat of a poisonous plant.
one swig of warm milk, then she puts her glass
on a coaster, goes on looking.
outside the silence of the growing grass

(From: *Staan in die algemeen nader aan vensters*, Tafelberg Publishers, 2008)
(Tr. by Charl J.F. Cilliers)

THE SECOND COMING

and when the ram's horns are blown
and the world as a whole goes back to jerusalem
in gypsy caravans and campers
and busload after busload of pissed-off atheists
i will doll myself up
get ready
i will wear my many sins like jewels
because they are mine
my jet-black dress will glitter
a perfume of scandal and sulphur
will waft round me

en wanneer ek voor Hom moet staan
sal ek verwyfd curtsy
en vir Hom netjies verduidelik
dat my catsuit
(opgevou in die groot tas langs die vanity case)
fire-resistant is

and when i have to stand before Him
i'll curtsy effeminately
and carefully explain to Him
that my catsuit
(folded in the suitcase next to the vanity case)
is fire resistant

(From: *Staan in die algemeen nader aan vensters*, Tafelberg Publishers, 2008)
(Tr. by Charl J.F. Cilliers)

Nico

Nico Müller, verdrink op 5 November 1961 –
ter herinnering

Hoe sal ek jou van hierdie volgehoue stilte red?
Kyk, die jaar is dragtig –
bome swel, riviere was
en mispels gooi hul vrugte op die grond.
Die jaar het al sy rykdom reeds gebaar
en bly nóg dragtig, swaar met jaar vir jaar
se steeds herhaalde vrug.
Die dae lê soos jong granate in ons hande, seun;
elke pit bloei rooi.

Ons het jou op die stam geënt.
Ons het jou in die grond geploeg.
Ons het jou naam by dag en nag geroep
tot selfs die voëls dit verder dra,
en jý, met al jou ongeskonde vreugdes
van hand, van voet en mond,
verklaar jou daagliks onafhankliker,
groei altyd vaster in die honger grond.

Die wintergras word wit
en om die heuwels loop die paaie
na alle verre oorde aan.

Ek moet jou naam nog eenmaal noem, in liefde en verset.
Hoe anders sal ek jou van hierdie volgehoue stilte red?

Petra Müller

Nico

Nico Müller, drowned on 5 November 1961 –
in memory

How shall I rescue you from this persistent
anonimity – look, the year is fruiting,
trees begin to swell. Rivers surge
and medlars cast their swollen globes
upon the earth.
The year in all its fullness has revealed itself,
heavy as it is with every year's
fulfilling of itself. In our hands
our days lie ripe like pomegranates, brother,
every pip bleeds its own blood.

We grafted you onto the stem.
We furrowed you into the ground.
We called your name by day and night
till even passing birds repeated it,
and you, with all your morning game   /
of hand, and foot and mouth
each day proclaim yourself more independent
of our call; forestalling us
by deeper growth in deeper earth.

The winter grass is whitening. Around the hills
the stony pursues its way.
I keep your name within my mouth
and sometimes shape it silently. How
would I, otherwise, protect it from its
anonimity?

(From: *Obool*, Tafelberg Publishers, 1977)
(Tr. by the author)

vroeg I

ek gewaar dat jy in die oggend met my wakker word
en saans met my gaan slaap
      onderneem jy ook die vaarte oor 'n aardbol
      wat ek onderneem – die melkwit reis waarin ek swaai
      soos in die uier van 'n koei
      vaar jy ook landwaarts, en word daar vir kleingeld
      oor die rotse uitgestrooi
      maak jy daar ook die radelose liefde
      wat ek maak
my vrae buig hul oor jou soos 'n moeder, al vorentoeër
en al moeër: *ken* jy die geselle waarvan jy
so veel vertel, my kind?

*

son kom op, nog ver, en lees ons sandberigte
soos 'n oorlogsheer wat verg dat niks
verberg mag word nie voor sy aangesig

tot maan kom, met haar krateragtige aandgesig
waarin daar holtes vir ons voete is

      gaan jou goed, hoor;
      moenie moed verloor nie, mooi beminde
      – wag jou teen die aand
      weer in

lumen

illuminasie is nooit stil

lig kan nie tot rus kom nie
val sus
val so
bly hang in wimpers

early I

i notice that you wake with me at dawn
and go to sleep with me at night
    do you also undertake the journeys across the earth
    that i do – the milk-white arc in which i swing
    as if within the udder of a cow
    do you also travel landward, to be scattered
    like small change over big rocks
    do you as despairingly make love there
    as i do
my questions bend themselves over you like mother-love, more forward,
and more tired: do you know the companions of whom
you speak so often, my child?

            *

sun rises, remote, and reads our messages in sand –
a warlord who requires that nothing
be hidden before his eyes

till moon comes in her cratered evening guise
where our feet may find some rest
in seas of remembrance

    go you well, now,
    beautiful loved one;
    – tonight I'll wait for you
    like stone, again

(From: *om die gedagte van geel*, Tafelberg Publishers, 2012)
(Tr. by the author)

lumen

illumination is never still

light cannot find rest
falling this way
and that
hanging on in lashes

en in reënboë, selfs ná
die wintersdag verstryk het

dit is vir my verskriklik:
hierdie inkyk in jou oë

Gety

Klaarte is nie hier nie: klarighede moontlik,
maar nie klaarte nie. Niks is klaar nie
tussen jou en my. Dis alles aan die word,

gedurigdeur. Die golf het aangery gekom
en oorgestort; dieselfde water bly. Dis ons

wat in die golf geskyn het toe ons nog
dolfyne was. Die golf het aangery

en oorgestort. Die water bly,
ons bly dolfyn.

naweek op die dorp

liefhê is erger as kerkbasaar: jy kan jou lyf
maar skraal hou en agter stoele inskuif onder die gebed
om vir ta' San Steyn, wat die voorste bakker
van ons omtes is, met die elmboog te beduie: jy wil

dié lemoenkoek met die oranje skilskaafsels
en die okkerneutklonte hê –

      maar dit sal nie so gebeur nie, dis vir dominee
      bedoel

and rainbows, even after
the winter day elapses

to me, it is terrible:
this scouring of your eyes

(From: *om die gedagte van geel*, Tafelberg Publishers, 2012)
(Tr. by Marcelle Olivier)

Tide

Clarity is not here: clarification, possibly,
not clarity. Nothing has ceased
between you and me. Everything still becomes,

constantly. The wave came driving in
and plunged; the water lingers. It is we

who shone within when once we
were dolphin. The wave drove on,

and plunged. The water lingers,
we remain dolphin.

(From: *om die gedagte van geel*, Tafelberg Publishers, 2012)
(Tr. by Marcelle Olivier)

weekend in town

loving is worse than the church fête: you can keep
your body slight and weasel in behind chairs during prayer
to ask auntie San Steyn, the foremost baker
in our district, indicating with the elbow: you want

this, this orange cake with the bright peel shavings
and the walnut clusters –

      but it won't happen like that, it is meant
      for dominee

en reg oorkant jou, kyk, staan hoeka 'n seunsmens
met sy hande voor sy mik gevou
jóú oop-oog en beskou

rivierboord

pa en ma, ter herinnering

selfs 'n gewone mens kan herinnering afskil:
die yslike nawellemoen
wat sy vorm ook
tot in sy afskil hou

en wat prut hier eenkant uit
soos 'n naelstring nie behoorlik
afgebind nie —

nog 'n nawel, nog son, ongedoop, ruig,
'n geel-al waarvan ek die taai sop
tussen al agt vingermikke uitsuig

ek bly hier sonder taal staan; *hier*
kan hulle my kom haal

deurskyn

in die keel van die gekko
klop deurskynend lewe; hy het nie so
geword nie, hy was nog altyd so
sy smagting is na die een
wit mot wat versot is
op wit lig

and opposite, see, the boy stands anyway
his hands clasped before his crown
wide-eyed, staring you down

(From: *om die gedagte van geel*, Tafelberg Publishers, 2012)
(Tr. by Marcelle Olivier)

river orchard
father and mother, in memory

even an ordinary person can skin memory:
the enormous navel orange
that keeps its shape
into its peeled state

and from the side purls
like an umbilical not cleanly
tied –

another navel, another sun, unchristened, overrun,
a yellow cosmos spawning the sticky sap
I suck from all eight forks of my fingers

here I hold my place, without tongue; from here
they can come and take me

(From: *om die gedagte van geel*, Tafelberg Publishers, 2012)
(Tr. by Marcelle Olivier)

translucence

within the throat of the gecko
throbs translucent life; he did not
become thus, he was always thus
he yearns for the one
white moth infatuated
with white light

hierheen kom die gekko aand
ná deurskynende aand, met sy prehensiele handjies
teen die ruit geplak

sy kake geluidloos oop

o begeerte! – en onstuitbaar
waar dit wegval deur die sku gedig

the gecko comes to this night
after translucent night, with prehensile hands
glued against glass

his jaws silently open

oh desire! – and unstoppable
where it falls away through the skittish poem

(From: *om die gedagte van geel*, Tafelberg Publishers, 2012)
(Tr. by Marcelle Olivier)

Camera obscura

Deur dun kabel, dunner draad –
uit die bloute – kry ek seine
van buite: per internet,
per faks, deur telefoonlyne.

'n Gaatjie teenaan die plafon
bied as perfekte poort
toegang tot informasie
via minuskule bondels koord.

Alles word gedekodeer tot
virtuele waarheid: woorde
wat meesterlik motiewe veins
vir menige moorde;

terugkrabbelry op gegewens,
byhaal van edel ideale
in die stryd om wet en orde;
regverdiging vir spesiale

kwytskelding; berigte
oor wapengeweld deur brutale
boewe. Voor my oë ontvou
beeld op beeld banale

brokke nuus. Ek skuif swaar
meubels voor deure en weer
harde lig deur ruite. Met fluweel
en gedempte gordyne veer

ek my kokon. Op papier
maak ek noukeurig in volsinne
notisies. Wat buite gebeur
vind omgekeerd neerslag binne.

Johan Myburg

Camera Obscura

Through thin cables, thinner wires
signals arrive – out of the blue –
from outside: via the internet,
by fax and telephone lines too.

A perfect access point
up against the ceiling board:
a tiny hole for information
through bundles of electric cord.

Everything's decoded to
the words of virtual reality
that masterfully feign the many
motives of murderous activity;

backtracking from facts,
noble ideals introduced
in the struggle for law and order;
justifying specially adduced

absolution; reports
of armed violence by brutal
thugs. Before my eyes there unfolds
image upon image of banal

snippets of news. With heavy
furniture I block doorways
and harsh light through windowpanes.
With curtains and fabric soft as baize

I line my cocoon. On paper
in full sentences I jot things down.
What happens out there,
in here is turned upside down.

(From: *Kamermusiek*, Lapa Publishers, 2008)
(Tr. by Charl J.F. Cilliers)

Observer on Sunday

Terloops het iemand by haar kom sit
in die halte wat uitkyk oor die see –
kabbelend in die son en ongewoon stil
vir Januarie. Iemand wat bloot
beleefd wou vra: "How was your Christmas,

dear?" Vyftig jaar na sy dood word James
Joyce se allerintieme notas oopgemaak.
Almal wat daardeur verwond kon word,
berig die koerant, is haas dood.
Sy antwoord breedvoerig: Ná haar porsie

kalkoen was dit weer net sy in die ondigte
woonstel teen die wind. Van die kinders
het sy dié jaar niks gehoor nie: Die een
geskei en op reis deur die Wilde Weste,
die ander smoorverlief en onbereikbaar ver.

Uitgekerf in die bank onder die waai
van my been laat Allan sy hart vir Tom.
Die gesprek rafel uit. Die welmener rem
aan sy foksterriër en stap verder. Notas
teen die vaderland, die onverdraagsame

land wat uitskei en uitskei eerder as
om uit te skei. Die geskeidenheid van mens
en land, die jare in Parys, woede,
heimwee, agterdog. Iemand moet dit alles
oopmaak iewers: die eensame dagboeke,

papiere, private penstrepe. Iemand moet dit alles
interpreteer teen die agtergrond van
'n portret van die kunstenaar as 'n jong man.
Uit die Festival Pier proklameer
Madness luid: *It must be love.*

Brighton
11.1.1991

Observer on Sunday

By chance someone sat down next to her
in the stop overlooking the sea –
rippling in the sun and unusually still
for January. Someone who merely wanted
to ask politely: "How was your Christmas,

dear?" Fifty years after his death James
Joyce's most intimate notes were opened.
Almost all who could have been hurt by them,
a newspaper reported, were now deceased.
She answered at length: After her portion

of turkey, she was alone again in the leaky flat
that could not keep out the wind. She had not heard
a word from her children that year: the one
divorced and travelling through the Wild West,
the other madly in love and inaccessibly far away.

Carved out on the bench under the swing
of my leg Alan had left his heart for Tom.
The talk unravelled. The well-wisher restrained
his fox terrier and then walked on. Notes
against the fatherland, the intolerant

country that isolates and isolates rather
than letting go. The history of people
and country, the years in Paris, rage,
homesickness, suspicion. Someone must
open it all somewhere: the lonely diaries,

papers, private pen strokes. Someone must
interpret it all against the background of
a portrait of the artist as a young man.
From Festival Pier Madness
loudly proclaims: *It must be love.*

Brighton
11.1.1991

(From: *Kamermusiek*, Lapa Publishers, 2008)
(Tr. by Charl J.F. Cilliers)

Camera obscura II

en as die slaap nie kom nie
as die rus bly wyk
as drome my verskrik en perde deur lakens galop
salpeter my kussings vlek
as merries my bloots ry

sal ek kerse aansteek seremonieel soos vroeër
skimme en skimmel hingste beteuel
(die laken oor jou oor trek?)
deur die venster tuur na die gunter
na die nugter niet

binne is niks buiten drogbeelde
buite niemand binne bereik

Aan Vita

Ná ons sal dié kom
wat deur ons korrespondensie kam
karakters op papier visenteer
en gloeilamp-in-die-gesig belig
dié wat feitelik wil vis:
joernalissies met stomp vingers
wat nimmer sal verstaan van visioene
met vinne – begryp dit sélf nie eens
nie – en bebrilde biograwe wat danig
min van die lewe snap.
Hulle sal selfs die spasies tussen sinne
vul gate toestop hiate toedig
aan huiwering. Só, liewe V,
sal ons dié bedenklike lewe
voortsit: ononderbroke in font.
10,5 op 12 pt Garamond.

Camera Obscura II

and if sleep does not come
if rest remains elusive
if dreams alarm me and horses gallop through sheets
saltpetre stains my pillows
if mares ride me bareback

I will light candles ceremoniously, as before,
bridle ghosts and dapple-grey stallions
(pull the sheet over your ear?)
through the window stare into the distance
at the sober nothingness

within nothing but illusions
outside no one within reach

(From: *Kamermusiek*, Lapa Publishers, 2008)
(Tr. by Charl J.F. Cilliers)

To Vita

After us there will be those
who will comb through our correspondence
frisk characters on paper
face dazzled by a light bulb
those angling for facts:
small journalists with stubby fingers
who could never comprehend visions
with fins – don't even understand them myself –
and bespectacled biographers who understand
so little about life.
They will even fill the spaces between sentences
plug up holes ascribe gaps
to doubt. Thus, dear V,
shall we pursue
this precarious life
in a continuous font
10,5 on 12 pt Garamond.

(From: *Kamermusiek*, Lapa Publishers, 2008)
(Tr. by Charl J.F. Cilliers)

Lied op die berge van Libanon

ons ry op berge en deur dale
en fairouz se lied reis met ons mee.
byeb'a esmak ya habibi ou esme byenmaha
jou naam bly, geliefde, en myne sal verdwyn.

ons verken die shouf: deir al qamar
en beiteddine op soek na die maan –
sekelrig agter bome, aanbiddend
gekerf in antieke steen. en die lied drentel

agter ons aan soos ons ry. ons ry
deur dorpies wat aan klowe soos woorde
aan lippe hang. sagte woorde melodieus
gemoduleerd met stil stemhebbende arabiese

konsonante. *habibi*, 'n vervagende woord
in sand geskryf. en soos ons ry, drup hermon
verweg sneeu teen hange. ons ry met wind
in die hare. by talle beheerpunte vra

ons pad van soldate, vloek binnensmonds
oor die jarelange siriese besetting.
minagtend wys ons reisdokumente.
luisterend na fairouz. *habibi*. dorpies berge

flits verby. waar loom ooms koffie drink
onder priële met hierdie jaar se
ryperwordende trosse, hermon smelt
onsigbaar. murmer onhoorbaar in die verte.

ons sluk die pad in, met geure van jasmyn
en ment, wilde tiemie en vy. ons ry op berge
en deur dale en die lied reis met ons mee.
wapper agter ons aan soos 'n vlag met 'n seder

Song on the Mountains of Lebanon

we drive on mountains and through valleys
and fairouz's song travels along with us.
byeb'a esmak ya habibi ou esme byenmaha
your name endures, my dearest, mine will disappear.

we explore the chouf: deir al qamar
and beitedine in search of the moon –
crescent-shaped behind trees, worshipfully
carved in ancient stone. and the song meanders
along behind us as we drive, as we drive
through villages that cling to ravines like words
clinging to lips. soft words melodiously
modulated in softly voiced arabic

consonants. *habibi*, a substitutive word
written in sand. and as we drive, far off hermon
cascades snow against the slopes. we drive with wind
in our hair. at numerous control points we seek

directions from soldiers, with smothered curses
about the protracted syrian occupation.
disdainfully we show our travel documents.
listening to fairouz. *habibi*. villages mountains
flash past. where men languidly drink coffee
under pergolas with this year's
ripening bunches, hermon melts
invisibly. murmurs inaudibly in the distance.

we swallow up the road, with fragrances of jasmine
and mint, wild thyme and fig. we drive on mountains
and through valleys and the song travels with us.
flutters behind us like a flag with a cedar.

(From: *Kamermusiek*, Lapa Publishers, 2008)
(Tr. by Charl J.F. Cilliers)

Etude

Vanaand het ek twee keer 'n handvol
vertrouelinge op 'n sending uitgestuur
'n onbekende landskap in en prewelend
gebid dat ek al tien van hulle behoue

weer sal sien. In die nanag met die maan
half en laag oor die horison het ons elf
ruggespraak gehou, het ek verhale gehoor
van druiwetrosse, melk, amandels

en heuning, uitgestrekte lappe beplant
met boorde olyf; fluisteringe van vlugtige
verkennings in intieme valleie. Ek kon snuif
aan my manskappe, een-vir-een,

opdat ek dié terrein kon peil, die waaisels
van die wind, die geil grond kon proe,
spore gelaat deur fel son.
En noudat voëls in bome buite begin sing,

prewel ek opnuut: Dat ek dieselfde tien
sonder skroom voortdurend uit kan stuur.

Oh Lucy

pluk aan loof in 'n vaas,
probeer asem in 'n stillewe
met blomme blaas torring
met stengels van tammerwordende
tulpe en skreeu: Oh, Lucy
in the sky with diamonds!
ouer as Lucy Jordan bestaan
niemand meer nie hulle word
skimme sonder dat warm wind

Étude

Twice this evening I sent out a handful
of confidantes on a mission
into an uncharted region with mumbled
prayers that I would see all ten of them

return unscathed. In the small hours,
with the half-moon low on the horizon, when
the eleven of us held consultations, I heard
tales of bunches of grapes, milk, almonds

and honey, vast stretches under
olive groves; whisperings of hurried
scouting trips in intimate valleys. From my men,
one by one, I caught a sense of this

because I could gauge the landscape, what the wind
blew in, could taste the rich soil,
traces left by the fierce sun.
And now that birds have started singing in the trees

I mumble once again: That without hesitation I can
continuously send the same ten out, time and again.

(From: *Kamermusiek*, Lapa Publishers, 2008)
(Tr. by Charl J.F. Cilliers)

Oh Lucy

pluck at leaves in a vase,
try blowing life into a still
life with flowers, fidgeting
with stems of drooping
tulips and shout: Oh, Lucy
in the sky with diamonds!
there are no more people alive
older than Lucy Jordan they become
spectres without warm wind

deur hul hare swiep spoke
stede soos Parys trek deure dig
sluit vensters en hiberneer
op sewe-en-dertig raak jy 'n fantoom
iemand wie jy nie ken nie se oom

swirling through their hair ghosts
cities like Paris shut their doors tight
lock windows and hibernate
at thirty-seven you become a phantom
the uncle of someone you do not know

(From: *Kamermusiek*, Lapa Publishers, 2008)
(Tr. by Charl J.F. Cilliers)

Twee diewe

Alles wat aan my behoort, het ek dié dag verloor.
Besteel, rot en kaal, totaal onverwags.
Deur twee vreemdelinge, 'n jong vrou en 'n dogtertjie.
Die buurt is gewaarsku oor hierdie nuwe taktiek.
Hulle gebruik onskuldiges, en oorval jou dan van agter.
Ek het die sagte geklop aan my voordeur gehoor.
Soos 'n besoeking van oorkant die groot skeidslyn.
'n Toets natuurlik, of iemand tuis is of nie.
Ek het geluister vir die breekysters, 'n broodmes in my hand.
Tot die kristal sakrament, die gelag, verdwyn het.
In 'n fladdering, soos twee duiwe wat uit 'n sysak ontsnap.
Maar ek het op my hoede gebly. Dis wat ek nie verstaan nie.
Ek't die waarskuwing ernstig opgeneem. Ek het geweet hulle sal terugkom.
Maar dit alles het my nie gevrywaar teen die bedrog nie.
Ek het die deur oopgemaak, mes agter die rug.
Hulle het amper moed opgegee, het die vrou gesê.
Haar dogter wil graag 'n blaar van my boom hê, omdat dit silwer is.
Ek het verby hulle gespeur, vir die gevaar
wat agter skuil, die rede vir die lokval.
Hulle was brandarm, maar ryklik gekroon met hul glimlagte.
Vra God vir 'n blaar, dis sy boom, sê ek nors.
'n Ander man wou ons skiet, het die kind trots gesê,
salig onbewus dat sy dan dood sou wees.
Ek het gekyk hoe hulle wegstap, geklee in hul klanke.
Moeder en dogter. Met hul blaar, hulle wonderwerkie.
Niemand het my aangeval nie. Niks meer het gebeur nie.
Daardie twee diewe het my kaal gestroop.

Charl-Pierre Naudé

Two thieves

That was the day I lost everything that was mine.
Cleaned out, ransacked, completely unexpected.
By two strangers, a young woman and a little girl.
There was a warning out on this latest tactic.
They use innocents, then ambush you from behind.
I heard the soft, shy knocks at my door.
Like a Visitation, from the Other Side.
Testing, of course, if somebody is home.
I waited for the crowbars, a bread knife in my hand.
Until the laughter left, the crystal sacrament.
In a flutter, like two pigeons from a silk bag.
But I remained prepared. I still don't understand.
I heeded the warning. I knew they would return.
But none of this saved me from the terrible deception.
I opened the door, the knife behind my back.
They'd almost given up, the woman said.
Her daughter would like a leaf from my tree, because it's silver.
I looked right past them for the danger
lurking behind, the reason for the decoy.
They were poor, but crowned with smiles.
Ask God for a leaf, it's His tree, I said grumpily.
A man wanted to shoot us, the child said proudly;
oblivious to the fact that then she would be dead.
I watched them walk away, cloaked in their music.
Mother and daughter. With their miracle, their little leaf.
Nobody attacked me. Nothing else happened.
They robbed me blind, those two thieves.

(From: *In die geheim van die dag*, Protea Book House, 2004)
(Tr. by the author)

Die man wat Livingstone gesien het

Die man wat Livingstone gesien het, was feitlik reeds blind.
Hoe lank gelede het hy Afrika ingestrompel – die 1850's, 1860's?
Livingstone en sy geselskap, hul muskietnette
en hul houtkiste, die groot verkenner wat kort daarna sterwe …
Leeftye terug. (Moeilik om sy jare te peil,
volgens 'n koerantberig van die vroeë jare sestig.)
Dus is die ou man, wat toe hy kind was, Livingstone gesien het,
op die hande gedra deur sy mense, deur vreemdelinge ook:
'n nasionale kleinood, 'n rondreisende museumstuk.
Sy ululerende stamgenote het hom in 'n omgeboude kruiwa
van dorpie na dorpie gestoot, vooruit en agterna in 'n eindelose
kronkelgang al met die spoor langs in die nou modderpaadjie,
af deur digte bos, van oopte tot oopte, nie sonder ongevalle nie,
vir myle en myle en dae sonder ophou, die ou man wat geduldig
in sy ysterkoppie dobber, oë omgedop, bene ingevou.
Of hy kom in 'n dorpie aan in 'n sykar, vasgebind aan 'n tandemfiets,
wat deur twee getrap word, sy gevolg wat saamdrom en op fluitjies
blaas en toeters druk terwyl ekstatiese dorpelinge die stofstraat vee
vir die aankomende optog, met palmblare en strooibesems.
Soos die dag toe Livingstone self deur die skare
in Londen verwelkom is, stadig op sy pad na Buckinghampaleis.
En die nuuskieriges daar, van heinde en ver, om hul respekte te toon.
Om oopmond te staar na die enigste man nog lewend –
nou kinds van die ouderdom – wat die beroemde pionier
met sy eie oë gesien het op 'n bepaalde môre in 1870,
van agter 'n struik, binne hoorafstand van die Groot Water:
hoe hy rigting vra in ruil vir wierook en koper.
Hoe vreemd om te aanskou, 'n deurskynende reisiger,
heeltemal van siel gemaak, 'n mens sonder 'n lyf!
Sy voete word gesoen, die omgedopte lepels van sy ooglede betas
ná 'n fooitjie by die deure van die gemeenskapsaal.
'n Historikus van Europa het gekom om notas te maak:
iewers in dié fossiel skuil 'n eerstehandse ervaring,
'n lewende prentjie, van die grootse Livingstone.
Die kenner het die ou grys kop gekantel soos 'n towerlantern
en diep in sy oë getuur vir die ontwykende geheuebeeld.
In die skadudans van blare wat deur die venster oor sy gesig speel, ja daar:
die avonturier, wat wild beduie; sy draers die pad vorentoe wys.
Die woerende dakwaaier se skaduweeflits, helder soos daglig:
'n voël wat verby swiep, net toe hy uitvra oor die Waterval.

The man who saw Livingstone

The man who had seen Livingstone was now virtually blind.
When was it the Englishman trudged into Africa –
the 1850s, 1860s? He and his troupe, their mosquito nets
and their trunks, the great explorer dead soon after …
(Lifetimes ago. "Difficult for his age
to be gauged" – a report in a daily, in the early sixties.)
So the old man, who as a young boy had seen Livingstone,
was revered among his people, and others too.
A national treasure, a roving museum piece.
They would push him between towns in a modified wheelbarrow,
ululating in front and behind in an endless serpentine row
along a narrow mud track cleaving through dense bush
from clearing to clearing, not without casualty.
For miles and miles and days on end, the old man bobbing
patiently in his iron cup, eyes rolled upward, legs folded in.
Or he would enter a town in a sidecar attached to a tandem
pedalled by two, thronged by his entourage blowing whistles
and pumping hooters while ecstatic villagers swept
the dust road for the approach, with palm leaves and straw brooms.
Like Livingstone himself being welcomed by the crowds
of London, slowly making his way towards Buckingham Palace.
And the curious there, from far and wide, to pay their respects.
To gawk in admiration at the only man alive (oblivious with age)
who'd seen The Discoverer with his own eyes one morning
in 1870 from behind a shrub, within earshot of the Great Water –
swapping copper and incense for directions.
What a strange sight, a translucent traveller:
made entirely of soul, a man without a body!
And they'd kiss his feet, and feel his spoon eyelids
after coughing up a fee at the doors of the community hall.
An historian came from Europe to make notes:
somewhere in the old fossil was buried
a first-hand memory, a living picture, of Livingstone.
The expert tilted the old head like a magic lantern
and peered into its eyes for the elusive image.
In the play of leaves coming through the window, yes there:
the adventurer, gesturing wildly, waving on the bearers.
A flash of shadow of the overhead fan, clear as day:
a bird sweeping past, the moment he asked about the Falls.
The old man was waning fast, a hundred and twenty years old.

Die oue was nou vinnig aan die kwyn, honderd en twintig jaar oud.
Al van hom nog oor, was daardie prentjie van die pionier.
Is 'n honderd en twintig jaar oue
                              dan nie 'n pionier nie?
Op 'n draagbaar het hulle hom uitgedra, een man voor
en een man agter, en hom langs sy houtkis neergesit.
Nie die einde van die reis nie, net 'n blaaskans vir die draers ...
En só het hy Livingstone, selfs Marco Polo geword,
'n adellike op sy draagstoel oor die verste voorpos
die Oneindige in, 'n ontdekker
                              van die suiwerste water.

Tuisresep

Ma se bobotie
was eksoties,
en het van ver gekom.

Die gondeliers van die Ou Tyd
met hul swambaarde soos wasems
en met lang rivierpale het dit gaan haal;
en steun-steun oor die eeue heen gebagger
(soos glasige riviereende soms vasgeys
in die gragporselein, of met die kop
wat gryns op kapers se skinkborde).
Só is die garing van die rivier afgerol
en sorgvuldig deur die oog ná oog van vlak brûe getrek;
onderdeur wit wolkpoepe wat gesputter
staan teen die hoë koepels blou Delft,
en omhang met die gekwetter van voëltjies
soos die gespikkelde lourier op 'n bordrand.
Soetkerrie, naeltjies en amandels,
rosyne, swartpeper en ander spesmase
het aangekom in 'n gewimpelde en gekielde
muskaatdop gatkant al sinkend vol rys
op lang pote wat snoet-bo-water geroei word
en oor die einderlose,
eindelose see gebring.
Só het dit gekom na Ma se kombuis,

All that was left of him was that image of the pioneer.
Isn't it a pioneer,
                who becomes a hundred and twenty years old?
They took him out on a stretcher, one man at the back and one
in front, and gently put him down next to his wooden trunk.
Nothing final, just a breather for the porters …
And thus, he became Livingstone, even Marco Polo,
an aristocrat in his sedan chair transported
into Infinity, an explorer
               of purest water.

(From: *In die geheim van die dag*, Protea Book House, 2004)
(Tr. by the author)

Home recipe

Ma's bobotie
was exotic –
and came from far away.

The gondoliers of old with their fungous beards
like vapour, on long river poles went to fetch it
and barged it through the ages groaning
(some ending up like river ducks frozen
in the porcelain, or with their heads
grimacing on the trays of pirates).
Carefully they'd pull the long thread
of a river through eye upon eye of squat bridges,
under clouds of white fart sputtered high against the vaults
of blue delft and the silver
twittering of birds, flecked
into the laurelled arch of a plate;
sweet curry, cloves and almonds,
raisins, black pepper and other notions
they brought in bannered and keeled hulls
like little nutmegs, stuffed with new rice
sinking arse-end and rowed on long legs
to keep snout above water
over seas without end and no land in sight.
Thus it came to Ma's kitchen

waar sy die seile soos servette
sou opvou voor sy voorsit;
en ons vinnig 'n gebed aframmel om God te dank
vir nog 'n dag se veilig aankom
aan eie tafel.

Tweerigtingspieël

Mense op die aardbol se ander helfte dink:
"Ons is aan dié kant van die wêreld."
Maar hulle is nie.
Diegene aan dié kant dink juis andersom.
Ewemin is hulle.
Die oppaster, refleksie, sus dié tweeling
na weerskante.

Aan 'n tafel by 'n sypaadjierestaurant sit 'n man
in die vroeë oggendure. 'n Nagwerker
wat droom oor die komende dag.

En hy dink aan 'n ou vriend
wat hy jare nie gesien het nie;
wat landuit is in onstuimige jare
terwyl hy self gebly het;
'n landsburger aan die wêreld se keerkant
wat hom dus in die nag bevind
terwyl hy in die dag behoort te wees:
'n aardige soort skepsel; nes hy sélf.

Maar iets vreemds is op die punt om te gebeur,
as dit nie alreeds gebeur het nie.
Sal ons ooit mekaar weer sien?
wonder hy —

where she folded up the sails
like serviettes before dishing;
and we'd rattle off a prayer to thank God
for another day's safe arrival
at our very own table.

(From: *Al die lieflike dade*, Tafelberg Publishers, 2014))
(*Tr. by the author*)

The two-way mirror

People on the other half
of the globe think:
"We're on this side of the world."
But they're not.
Those on this side think the opposite.
Neither are they.
Reflection, the nursemaid,
holds the twin
and appeases them to both sides.

At a sidewalk café table
sits a man. A night worker,
thinking of the coming day.

And he thinks of the old friend
he hasn't seen in years;
who left when times were difficult
while he stayed behind.
A countryman on the other side of the world
who lives in the night
when he should be in the day.
An odd fellow, like himself.

But something is about to happen,
if it hasn't happened already.
His mind wanders:
"Will we ever meet again?"
he thinks,

en merk sy vriend, hierdie einste vriend
aan die oorkant van die straat staan.
Die streke van die gees!
Ongelowig staar hulle mekaar aan;
dolke wat sny deur sagte vlees.

Is dit hy? Onmiskenbaar
maar ouer. Die hanerige kuif
wat skuins oor die gesig val,
effens aan die grys word.
Dieselfde glimlag,
presies dieselfde houding,
daardie voorkop.
Beide gryp die ander
se blik met sy staar vas,
in absolute verbasing.
Vasgenael.

'n Sweempie twyfel;
daardie litteken oor sy wenkbrou,
dit kan hy nie onthou nie.
En die benerigheid van gelaat;
hy hoop nie sy vriend is siek nie.
Die groter neus? Mense raak ouer.
Maar ja, dieselfde
behalwe wat verander het.

Effens korter
as in sy terugdink;
die gesig breër
sowel as die skouers.
Identies ja, behalwe
sy geheue wat hom in die steek laat.

Instinktief staan hy op,
getrek soos na 'n magneet.
Die verlore vriend stap
ook met gretige treë nader.
Glimlag mildadig terug.

when suddenly he notices
this very same friend standing
on the other side of the road.
The quirks of the mind!
They look at each other, incredulous:
daggers tearing into silk.

Is it him? Unmistakably,
but older. The shock
of hair over the face,
slightly greying now.
The same smile,
the exact same posture,
that forehead.
Both hold the other's gaze
in dismay, completely
transfixed.

A shadow of a doubt,
that scar on his brow;
he can't remember that.
And the bony features,
he hopes his friend isn't ill.
The bigger nose? People grow older.
But yes, the same
except for the changes.

Somewhat shorter
than he recalls;
a broader face
and shoulders.
Identical yes, except
for the memory lapses.

He gets up from his chair,
drawn forward, instinctively.
The long lost friend also,
coming in his direction,
returns the generous smile.
Both feel rather awkward.

Albei lyk bra bedremmeld.
Dank Vader vir wonderwerke!
Die lewe is tog nie so onherbergsaam nie …

Van naby som hulle mekaar op,
skud blad en omhels.
Die verheugenis verswelg hulle.
Heeltemal uit die veld geslaan.
Toe die finale herkenning:
albei is tien jaar te oud …

"Ek dag…"
"Maar jy lyk dan nes …"
"Ek kon sweer ek sien vir…"

Dus vra hulle om verskoning
en gaan uiteen
synde vreemdelinge;
inderdaad soos vriende.

Hy voel uitgeput
en 'n gek, maar troos homself:
alles wat gebeur het is verklaarbaar;
dis die laat uur,
die alewig verdeelde land,
die skeiding van die mensdom.

Alles.
Behalwe die wonderwerk.

Thank God for miracles!
The world is not inhospitable,
after all.

They stare at each other
close up, shake hands and hug;
the exhilaration is total.
They are blown away.
Then the final recognition:
both, ten years too old ...

"I thought ..."
"But you look just like ..."
"I could swear that I saw ..."

And so, they apologise
and part,
being strangers,
indeed like friends.

He feels spent.
Sheepish too, and thinks:
everything can be explained;
it's the late hour,
a forever divided country,
the separation of humanity.

Everything
except the miracle.

(From: *In die geheim van die dag*, Protea Book House, 2004)
(Tr. by the author)

swanger vrou

soveel van leef lê anderkant die grens van skryf:
die maan se roering klokslag iewers in haar lyf
nou opgeskort terwyl die rekenaar saggies
die program wegbêre op 'n geheueskyf.

fragmente van 'n ongeluk, westdene

   (1)
die dam lê rustig tussen die bure uitgesprei
wilgers maak daarin hul tone nat
honde oortree die reëls en swem soms in die somer
en seuntjies vang naweke vis. saans
kom paartjies soos by die leidam vry.
maar meestal is dit stil behalwe vir die eende
leeg behalwe vir die lug die wolke die bome
die geboue wat op sy vliesdun oppervlakte lê

(partykeer word die dam kwaad: gryp 'n ou stoof
plastieksakke wat verbywaai selfs iemand
wat laatnag twee rye spore soontoe trap.
dan weet die buurt daar's onderwater goed wat roer.)

   (2)
die bus geel soos 'n kanarie draf uitgelate
heuwel af en sing sodat almal dit kan sien:
as long as you've got a light, you've got a friend,
friend. sy vrag kwetterend deur die strate
na nog 'n dag op skool dink aan kos TV
die atletiekseisoen die meisie/kêrel op die hoek miskien.

Fanie Olivier

pregnant woman

so much of life lies beyond reach of a word:
the moon's clockwork in her body now deferred
as the computer gently whirrs, embedding
programs somewhere deep, unheard.

(Unpublished)
(Tr. by Charl J.F. Cilliers)

fragments of an accident, westdene

(1)
in its surroundings the dam lies in sheer bliss
in it willows wet their toes
dogs break the rules, go swimming in the summer
and small boys catch fish on weekends. at dusk
couples come to cuddle at the water's edge and kiss,
but mostly it is still, except for the ducks,
empty except for the air the clouds the trees
the buildings glowing on its skin-deep surface

(at times the dam grows angry: grabs an old stove
plastic bags blowing past even someone
drunkenly approaching it late at night.
then all know something's stirring deep below.)

(2)
the canary-yellow bus was chugging merrily along
singing downhill in full view of everyone:
as long as you've got a light, you've got a friend,
friend. down the street the load with its chattering song
after another day at school thinking of food, TV
athletics maybe the girl/boy next door, everyone

vir ure was elkeen almal netjies naas sy maat
gepak in 'n bank 'n klas 'n uniform nommerpas
nou het die klok die bokspring van die bus
vir elke kop 'n nuwe vonk gegee:
'n boom vol vinke langs die dam
'n braambos vir die hele buurt.
en alles is so lig, ligvoet, ligweg, lig
soos net kinders die brand van lig kan vang.

(soms egter loop dinge skeef: die uitbundige
drafstap die steilte af word sy eie baas raak oorstuur
en soos 'n vrot hanswors rol jy potsierlik deurmekaar.)

die dam wat daagliks moet dra aan sy las weerkaatsings
ontvang die bus berg hom veilig in sy hoede
en die dag die buurt God self word swaar
en swart soos dit donker is onder die water.
voëls fladder, die tros vlamme uitgeblus
sonder om kans te kry om uit te brand.
dié, wat uitgelig word uitspartel uit die dam
ontdek voorlopig vreugde maar vind dan later
hoe eensaam het hul veilig aangeland:
if you've lost a friend bly daar maar weinig lig.

elkeen wat weg is het ten minste opgevlam
ons, die ander, se koppe bly vir jare hierna klam.

(3)
hoe absoluut 'n spieël wat kraak.
die dam – behalwe vir die pad – omsoom
deur gras wat windstil dae
die hele buurt in hom kan vang
selfs busse wat verbydreun op die wal.
volgens sielkundiges haal ons teen wil en dank
dinge van ver onderwaters as ons droom
omdat ons daarvoor al is dit onbewus wil vra.

for hours mates had been sitting packed tightly
together in a class a bench a prescribed uniform
then the bell and the cavortings of the bus
gave a new spark of life to all those there:
clusters of finches in a tree beside the dam
a bramble bush for the whole neighbourhood.
and everything so light, light-footed, lively, light
as only children can catch the light's bright glow.

(sometimes, however, things go wrong: the boisterous
trot down the steep slope takes on a life of its own
and everyone tumbles about like a second-rate clown.)

the dam wearily carrying its load of reflections every day
receives the bus and hugs it to her bosom
and the day the surroundings God himself bears down
heavy and black as the darkness under the water.
birds flutter, the bunches of flames doused
before the fire could blaze to ashes after the flare.
those who were lifted, floundered, out of the dam
thankful at first, discovered later
how lonely was the safety of their rescue there:
if you've lost a friend so little light remains.

all those who'd gone at least still flare on high
    we, the others, remain forever damp, will never dry.

(3)
how absolute a cracking mirror is.
the dam, but for the road, fringed
by grass, on windless days
gathers in it the neighbourhood
even buses droning past across the wall
psychologists maintain that we against our will
dredge things up from watery depths in dreams
because that is what we wish to have, even subconsciously.

'n dag lig lyke drupsgewys bleek uit die water
'n hyskraan het 'n geel vis aan die hoek
vir ure breek die oppervlakte en later
syfer name by die lykhuis uit.

'n oomblik staan die lewe stil. dan lê die dam
weer glad slaap voëls hoog in die takke
gaan busse weer hul gang.
vanoggend dryf daar onverklaarbaar
langs die pad 'n boek.

*

ek dag
jy het ons gruwelik mislei
deur allerhande vaal en voos profete
– priesters predikante van toe tot nou –
en ons hel gegee wat posgevat
het in ons hart en ons gewete.
as troos – dit moet ek toegee – aan
iedereen sy eie tenger beatrice
om hom daarheen te neem daardeur te lei
en ietsie van die paradys te wys.

maar ek weet nou hoe jy
die hande om die uitgeblase lewe vou
hoe lieflik daardie liefde is
wat jy tog vir die honger wêreld het.
'n leë woord die hel ten spyte
van wat samesweerders teen jou liefde
alles daarbinne wil laat pas.

ek dag
en nou kan ek alles onbeskryflik helder sien

drop by drop the day lifts pale bodies from the water
a crane has a yellow fish dangling from a hook
for hours the water surface is disturbed and later
names ooze from the doorways of the morgue.

for a moment life stood still, and then the dam
lay undisturbed once more birds sleeping high in the trees
and buses pass along just as they should
this morning, next to the road
inexplicably one sees a drifting book.

(Unpublished)
(Tr. by Charl J.F. Cilliers)

*

i thought
that you had led us all askew
through myriad pale, hollow-hearted
prophets – priests, clergymen old and new –
and planted in our hearts a hell
that took root in our consciences as well.
the only solace given – I must concede – to
each his own fragile beatrice
to lead him there and then to take him through
and show him some small touch of paradise.

but i now know how you
fold your hands round life that has departed
how beautiful that love
that, after all, you do have for the hungry world
an empty word this hell
despite that with which those conspiring against your love
would want to see it filled.

i thought
and now i can see it all so indescribably true

237

hoe alle paaie uiteindelik dwarsoor das
kapital parys en rome oor bangladesj
en elke mekka delphi peking en tibet
dwarsdeur ons nuwe brein en gryserige drome
loop elke grootpad elke gruispad
elke voetpad elke kruispad
terug na jou.

die kunstenaar kyk na sy model

(vii)
die hand lê uitgeverf op die palet
en vingers meng verruklik kleure in 'n droom
en teen die muur perfek omchroom
verewig sy model in haar portret.

so sag dat mens 'n potlood oor papier
hoor grys vou sy die ou kombers styf teen hom in
vryf waar die slaap se silwersag begin
en in die soet diep deining roer dromerig die wier.
kom wink die hawe langs die kus se donker lyn.

so moet kleure uitmekaar en inmekaar kan vloei
moet woorde woorde byroep steen vir steen.
die yl skets teen die muur sal moet verdwyn.

haar hand en alles in hom raak weer aan die bloei
haar oë en sy doek ongrypbaar skielik onbegryplik een.

how all roads ultimately lead beyond das capital
paris and rome beyond bangladesh
and every mecca delphi peking and tibet
straight through our novel brain and greyish dreams
every highway every dirt road
every footpath every crossroad
back to you.

(Unpublished)
(Tr. by Charl J.F. Cilliers)

the artist looks at his model

   (vii)
the hand, its task complete, lies on the palette
fingers mix colours in a dream's rich honeycomb
and against the wall, perfect in chrome,
his model is immortalised in her portrait.

so softly that a pencil's light tracery
can be heard she folds the rug to tuck him in
strokes him where sleep's silver softnesses begin
and in the sweet deep undulations algae drift dreamily.
beside the coast's dark line lie the harbour's winking lights.

so colours need to intermingle, flow,
words evoke words, stone upon stone.
the wispy sketch against the wall must disappear from sight.

her hand and everything within start to bleed and glow
her eyes, his canvas, incomprehensibly becoming one.

(Unpublished. From the poem: *die kunstenaar kyk na sy model*)
(Tr. by Charl J.F. Cilliers)

Ek maak nog deure oop

Ek maak nog deure oop
op kloppe in die nag.

Dit is net die wind
wat drome deur die vensters jaag.

Ek kon skryf: die bome sny die maan
soos 'n skulp uit die nag los,

maar om oor bome te skryf in dié laat seisoen,
met winterhande, help nie.

Die wind raak verstrik in die takke,
wriemel haar los en word stil.

Nou kan ek die laaste reëls
met en oor jou skryf

en met 'n ander sê: Vannag
kan ek die treurigste verse skryf.

Hoe het jy in- en uitgewaai
en tyd nie versteur nie.

Ek kan nie erken
dat jy nie meer hier is nie,

en luister nog vir 'n klop
met een oor waar ek skryf.

Niemand sing hier in die agtergrond nie.
Ek luister en hoor niks.

Hoor in 'n droom net die eerste klanke
van herfs, ver op pad tussen bome.

H.J. Pieterse

I still open doors

I still open doors
for knocks late at night.

It's just the wind
chasing dreams through windows.

I could write: the trees cut loose the moon
like a shell from the night,

but to write about trees in this late season,
with wintry hands, doesn't help at all.

The wind gets caught up in the branches,
squirms loose and quietens down.

Now I can write the last lines
with you, about you

and say with another: Tonight
I can write the saddest of poems.

How you blew in and then out again
without even disturbing time.

I cannot acknowledge
that you are no longer here,

and with one ear I still listen
for a knock as I write.

Nobody sings here in the background.
I listen, and hear nothing.

In a dream I hear only the first sounds
of autumn, from afar through trees.

(From: *Alruin*, HAUM-Literêr, 1989)
(Tr. by Leon de Kock)

Rāga

Vir die fluit; vroegaand

Voor die woord, voor die gedig begin,
voordat die omtrek van jou liggaam begin,
is daar reeds die grondtoon van 'n uitnodiging
tot 'n dans vanuit die agtergrond.
Uit die niet skimmer die tanpura se snare
en vind die vertrek in 'n silhoeët van 'n dans.
Jy vou jou stadig oop onder die maan,
'n papajaskyf in 'n boom van sterre.
Onder donkerblou lug stoei wolke en rotse;
'n blaar spits sy ore teen die klam aandlug.

Voor die woord, voor die gedig begin,
brei die tanpura die kamer uit,
stowwerige juwele op swart satyn,
klanke warm en soel van 'n vroeë moeson.
Êrens weef 'n spinnekop sy net
wreed en silwer in 'n woud.
'n Boom van sterre vou verder oop.
Belle klank ontsnap van jou lippe,
word groter, breek lig en asemrig
deur die houtkeel van 'n fluit.

Wanneer die klank, wanneer die gedig begin,
gly jy in op my gespinde woordtapyt,
op die ritmes van asem, die smeltende maan,
pouvere, katoë van 'n warm nagwind.
Kiewiete roep onsigbaar uit ruigtes, jy huiwer,
raak aan tintelente senupunte van klanke
wat ander laat roer in die dansende web.
Djins sluier en krioel oor verbeelde woestyne,
oor water sweef verdampende geeste;
jy laat jou skaduwee agter.

Wanneer die woord, wanneer die gedig sy gang gaan,
versteur die fluitasem tydelik die lug.
Die maan se baan word nektar van jou naam,
'n stadige mot fladder tussen jou dye.
Vingers rol ligweg oor die trom van jou maag;
ek proe in die klankspel 'n geheime amandel,

Rāga

For the flute; evening

Before the word, before the poem begins,
before the contours of your body show,
the ground-note of an invitation
to dance sounds out in the background.
From nowhere the tanpura's strings begin to shimmer;
they find the room in a silhouette of dance.
Slowly you unfold yourself beneath the moon,
a sliver of pawpaw in a tree of stars.
Clouds and rocks jostle under a dark blue sky;
a leaf pricks its ears in the damp evening air.

Before the word, before the poem begins,
a tanpura knits the room into shape,
dusty jewels on black satin,
the sounds warm and sultry from an early monsoon.
Somewhere a spider weaves its net,
silver and merciless in a forest.
A tree of stars fans further out.
Bells of sound escape from your lips,
grow bigger, then break with soft breath
through the wooden throat of a flute.

When the sound, when the poem begins,
you slip in through my spun carpet of words,
my rhythms of breath, the melting moon,
peacock feathers, cat-eyes of a warm night-wind.
Plovers call out blindly from woods, you hesitate,
reach out, touch tingling nerve-ends of sound;
they set others off in a dancing web.
Jinns draw veils, swarm across imagined deserts;
evaporating spirits hover over water.
You leave your shadow behind.

When the word, when the poem takes its course,
a flute's breath disturbs the air in passing.
The moon's loom spins your name in nectar;
a slow moth flutters between your thighs.
Fingers roll loosely over the drum of your belly;
I taste a secret almond in the play of sound,

geurend in jou ligbruin vel van neut.
Al om die grense van die melodie
sug die fluit sy eggo, word daarmee een.
Dan die rinkelende ghatam van die reën.

Voor die gedig, voor die melodie eindig,
is jou liggaam omlyn deur woord en klank.
Die tablas laat hulle eggo's agter,
spinnekophale oor leegtes water.
Jy is toegespin in die web van my musiek.
Wolke en rotse stoei veraf met mekaar.
Jy gaan lê weer tydelik saam met die fluit
wat die gedig se einde en begin uitasem,
toegevou in 'n uitrafelende woordtapyt
met die tanpura se skimmerende snaar.

Artisjok

Laatnag vleg 'n skielike ritseling
my stadig los
uit swaar arms van my geliefde,
donker suster van my dood.

Dou sak heeltemal te vroeg vanjaar
op my grasperk en plante neer.
Takke en blare ril nog waarskuwend
as ek deur die wind na my groentetuin beur.

My flitslig skok die grootste plant
wat haar lang, silwergrys blare vou,
ritselend toe, dig
om die geheime, pers, glinsterende vrug.

Raak my aan, asseblief,
raak my nie nou al aan nie.
Uit hierdie bitter grond gebore
tussen windhande wat my wil klief.

fragrant upon your light-brown skin of nut.
All around the borders of this melody
the flute sighs its echo, becomes one with it.
Then comes the clattering ghatam of the rain.

Before the poem, before the melody ends,
your body is outlined by words and sound.
The tablas leave their echoes behind,
spider-strokes on plains of water.
You are spun tight in my web of music.
Clouds and rocks jostle in the distance.
Once more you lie down for a while with the flute
which breathes out the poem's ending and its beginning,
wrapped up with the tanpura's shimmering string
in an unravelling carpet of words.

(From: *Die Burg van Hertog Bloubaard*, Tafelberg Publishers, 2000)
(Tr. by Leon de Kock)

Artichoke

A sudden quiver, late one night,
slowly unweaves me
from the heavy arms of my beloved,
dark sister of my death.

Dew appears far too early this year
on my patch of lawn, my plants.
Branches and leaves shiver with warning
as I push through the wind towards my vegetable garden.

My torch shocks the biggest plant.
With a whisper she folds her long,
silver-grey leaves closed
around the secret, purple, glistening fruit.

Touch me, please,
do not touch me so soon.
Born of this bitter ground,
among hands of wind trying to cleave me.

Ek vou die stingels versigtig weg,
pluk 'n paar blare en proe,
huiwerig om my tong,
donkergroen, suursoet parfuum van die nag.

Net een maal het ek jou so sien lê
ná 'n laatnagmaal van artisjok.
Jou hande was lig oor jou borste gevou,
jou bene terughoudend gekruis.

Laag vir laag het ek jou afgeskil
met 'n versigtige, moedelose tong,
tot by die diep, geheime, bitter vrug
wat weer terugtrek tussen jou dye.

Deur strelende hande van jou geliefde,
jou lokkende suster van die slaap
kon ek hoor: raak my aan, asseblief,
raak my nooit meer aan nie;

te lig om 'n groen hart finaal te klief.

Uit: **Sinfonia**

Abdis Hildegard van Bingen, 1098–1179

II *Sel*

Soms raak dit eensaam hier.
Selfs die herinnerings aan sneeu en grond
help nie waar ek siek lê
in my drie en dertigste jaar nie.

Die hele nag lank slaap ek in my maag,
toegevou in my swart beervel,
toegespin soos die wurm
in sy drywende windkokon.

Carefully I fold the stems away,
pick a few leaves and taste,
hesitant around my tongue,
the dark green, soursweet perfume of night.

Just once I saw you recline like that,
after a late-night meal of artichoke.
Your hands were folded lightly across your breasts,
and your legs were crossed defensively.

Layer for layer I unpeeled you
with a careful, dispirited tongue,
right down to the deep, secret, bitter fruit
that withdrew again between your thighs.

Through the caressing hands of your beloved,
your enticing sister of sleep,
I could hear: touch me, please,
do not ever touch me again;

too light finally to cleave a green heart.

(From: *Die Burg van Hertog Bloubaard*, Tafelberg Publishers, 2000)
(Tr. by Leon de Kock)

From: **Synfonia**
Abbess Hildegard of Bingen, 1098–1179

II *Cell*

Sometimes it gets lonely here.
Even memories of snow and earth
don't help much as I lie, ill,
in my thirty-third year.

All night I sleep curled around my belly,
wrapped in my black bear-skin,
spun closed like a worm
in its drifting cocoon of wind.

Soms kam ek my hare voor 'n donker spieël,
melk en heuning onder my tong.
My kamers van die heelal
span hul spiere vertroostend warm.

Dit is meestal donker hier,
maar ek is nie alleen nie.
Ek en die warm duisternis
is sáám in hierdie sel.

Bedags blink die vloer
asof die hout met heuning gevoed is.
Wanneer ek snags my kers uitblaas,
hang rens vet lank in die lug.

Buite bring die wind ys in;
ys en verlange, sneeu en woede.
Die grond treur, my mure verval,
my skoene word swart van verlange.

Ek sweet U daagliks in my wyn uit,
swyg en bid, werk en swyg.
Wanneer ek heeltemal stilbly,
gaan ek op pelgrimstogte in my kop.

Al julle siekes in my poorte
met julle krom rûe, geskeurde velle,
ontsteekte oë en naels,
swerende nekke en gebreekte tande.
Soveel lywe, swaar gedra aan kinders
in hierdie verwyfde tyd.
Ek was julle velle, genees julle wonde
met die helende krag van my speeksel.

Ek sal nuwe mure wil bou,
maar die poorte nie vergeet nie;
poorte wat ek kan oopsluit
met sleutels van wind, lig en lug.

Ek word dan 'n engel in die sel se sneeu;
ek is tevrede met hierdie eng verblyf.
Hier is ek veilig, hier kan ek lewenslank swerf
in die vibrerende klokhulsel van my lyf.

Sometimes I comb my hair before a dark mirror,
milk and honey under my tongue.
My chambers of the universe
flex their muscles, consoling and warm.

Mostly it is dark here,
but I am not alone.
The warm darkness and I
share this cell together.

In the day the floor shines
as if the wood were fed with honey.
When I blow out my candle at night,
sour fat clings to the air.

Outside, the wind blows in ice;
ice and longing, snow and rage.
The earth weeps, my walls collapse,
my shoes blacken with longing.

Every day I sweat You out in my wine,
fall silent and pray, work and fall silent.
Once I am completely quiet,
I go on pilgrimages in my head.

All you sick people in my portals
with your bent backs, torn skin,
inflamed eyes and nails,
festering necks and broken teeth.
So many bodies, worn down by children
borne in this effeminate time.
I wash your skin, heal your wounds
with the healing power of my saliva.

I would like to build new walls,
but not forget the portals;
portals I can unlock
with keys of wind, light and air.

I become, then, an angel in the cell's snow;
I am satisfied with this simple abode.
Here I am safe, here I can roam for a lifetime
in the vibrating bell-husk of my body.

III *Visioen*

Die aarde blaas rook uit sy neusgate
om 'n staalberg in die noorde.
Die dag breek uit 'n Man se bors;
Hy het voete van 'n leeu en ses vlerke.

Die woedende heelaleier
oordonder my patetiese woorde.
Hier staan ek ook, skree 'n wolk
en bal sy vuiste teen die staal.

Ek sien die diere wat altyd met my bly,
die vurige hond, die geel leeu,
die vaal perd, die swart vark,
die grou wolf van die eindtyd.

Engele met blou vlerke bewaak siele,
vier winde blaas planete deurmekaar,
heiliges sing in die kosmiese simfonie
saam met reie engele en 'n blou figuur.

God se lyf baar miljoene siele
en versprei hulle soos vallende sterre
om torings en pilare van 'n nuwe stad
waarin almal bou aan silwer mure.

Uit 'n vrouelyf groei 'n swart dier
met 'n penisneus en skewe tande;
die bose word tog dadelik weer gebind
deur geveerde wesens en mensehande.

Daar staan die mens in die kosmoswiel
en omarm die heelal se vreemde elemente.
Vuur, water, lug en grond
stroom deur water agter water in 'n reusesiel.

Toe ek weer bykom, dink ek dit was 'n droom
van die heelalboom wat goed en kwaad bot,
maar sterre skroei my steeds in hul baarmoeder van vuur
tot U, my vlammende skrywer, Moeder God.

III *Vision*

Earth blows smoke from its nostrils
around a mountain of steel in the north.
Day breaks from a Man's chest;
He has the feet of a lion and six wings.

The furious cosmic egg
overwhelms my pathetic words.
Here I stand, too, a cloud shouts,
clenching its fists against the steel.

I see the animals who always stay with me,
the fiery dog, the golden lion,
the pale horse, the black pig,
the hoary wolf of the last days.

Angels with blue wings watch over souls,
four winds blow planets into disarray,
saints sing in the cosmic symphony
along with choirs of angels and a blue figure.

God's body births millions of souls
and deals them out like falling stars
around towers and pillars of a new city
in which everyone helps to build silver walls.

Out of a female body a black animal grows
with a penis-nose and crooked teeth;
the evil one is bound again in an instant
by feathered beings and human hands.

There man stands in the cosmic wheel,
embracing the universe's strange elements.
Fire, water, air and earth
stream through water behind water in a giant soul.

When I come to, again, I think it was a dream
of the cosmic tree which buds both evil and good,
but the stars still scorch me in their womb of fire
in Your name, my flaming writer, Mother God.

(From: *Die Burg van Hertog Bloubaard*, Tafelberg Publishers, 2000)
(Tr. by Leon de Kock)

Rei van my vrouens

Deur droomgange soek julle elke nag
na sleutels van my gegrendelde kamers.
My kasteel se mure sug sonder ophou
die lae bloedtoon van 'n eerste lied
mîn gheselle chumet niet

Dan verskyn julle die een na die ander,
statig in gelid, sonder om hande vas te hou,
al in die rondte om my hemelbed,
gesigte weggekeer, in julle eie ritme.
Die jare se dans het min verander.

Ek sien jou altyd eerste, vrou
van die oggend, wat vrolik dink
jy ken die sterrekodes van my fort
reeds vanaf die eerste dag. Jy vergeet
hoe stadig herinnerings hier wegsink.

My vrou van die middag, jou gloeiende hare
waai koper, staal en brons in die wind
deur my gange; ek onthou jou sweet
en swaelgeur in my bed. Ook jy
verdwyn met uitgeputte gebare.

Wanneer jy aan die slaap raak
soos die see, my vrou van die aand,
laat jy jou hare swart oor my val, trek dan terug
asof iets jou laat skrik in die stiltes van my ryk.
Jy stap verder, sonder om in jou slaap terug te kyk.

My allesoorheersende vrou van die nag,
jy gly heel laaste deur my klam vertrekke.
In my woordkasteel soek jy sleutels van bloed
deur donkertes van oggend, middag, aand.
Skaduwees stoot op tot oor jou tong
maar jy sing: *manda liet.*
Jy rimpel my slaap, vertrek dan onseker en bang.
Van jou alleen behou ek 'n nagloed,
die hitte van 'n onsigbare muur
wat die dromende nagson snags vasvang.

Chorus of my wives

Through corridors of dreams you search every night
for keys to all my bolted rooms.
The walls of my castle sigh without end
the low blood-tone of a very first song
mîn gheselle chumet niet

Then you appear, one after another,
in stately procession, without holding hands,
in a circle around my canopy-bed,
faces turned away, following your own rhythm.
The dance of years has changed but little.

I always see you first, my wife
of the morning, you who merrily imagine
you know the star-codes of my fort
from the very first day. You forget
how slowly memories die away here.

My wife of the afternoon, your glowing hair
blows copper, steel and bronze in the wind
through my corridors; I remember your sweat,
your taste of sulphur in my bed. You, too,
disappear with exhausted gestures.

When you, my wife of the evening,
fall asleep like the sea,
you let your hair fall blackly over me, then you draw back
as if something in the silence of my realm scares you.
You move on, without looking back in your sleep.

You, my all-conquering wife of the night,
you are the last to glide through my damp chambers.
In my castle of words you seek keys of blood
in the darkness of morning, afternoon, evening.
Shadows rise up over your tongue
but you sing: *manda liet.*
You crease my sleep, then depart, uncertain and scared.
Of you alone I retain an afterglow,
the heat of an invisible wall
which the dreaming night-sun captures every day.

Deur droomgange soek julle elke nag
na sleutels van my gegrendelde kamers.
My kasteel se mure sug sonder ophou
die lae bloedtoon van 'n eerste lied
mîn gheselle chumet niet

Wat van ons oorbly

Philip van Macedonië wou 'n stad
sonder weerga vir sy vrou,
vir die mooi Thalassa Thessaloniki bou.

Van die tombes staan nog, gemeng met stof,
hulsels wat herinnerings preserveer
in kaste van verganklikheid deur tyd verweer.

Hoe slyt 'n gedenknaald in blote lug.
Vra die vrou van Ozymandias
hoe lank sý standbeeld behoue was.

Die Taj Mahal staan voorlopig nog
as herinnering aan Sjah Jahan se geliefde vrou.
Ek het jou nie vergeet nie vee die wind deur die gebou.

In soveel kerke lê hulle nou toegeslik,
man en vrou, 'n omhelsing in klip;
min sien *Gij waart mij zeer liefelijk.*

In Heraklion hang 'n freskofragment
uit Knossos, die "fyn Paryse dame",
fyn geskuur deur lae sediment.

Wat van ons oorbly, is fragmente van liefhê.
Dít lê aan die basis van hierdie gedig
vir jou, my vrou van die fresko, opgerig.

Through corridors of dreams you search every night
for keys to all my bolted rooms.
The walls of my castle sigh without end
the low blood-tone of a very first song
mîn gheselle chumet niet

(From: *Die Burg van Hertog Bloubaard*, Tafelberg Publishers, 2000)
(Tr. by Leon de Kock)

What remains of us

For his lovely wife, Thalassa,
Philip of Macedonia wanted to build
Thessaloniki, most fabled city in the world.

Some of its tombs still stand, mired in dust,
casings that hold recollection's faint chime
in chests of transience worn by time.

How does an obelisk endure in open air.
Ask the great Ozymandias's wife
how long his statue clung to life.

The Taj Mahal still stands, for now
in honour of Shah Jahan's beloved consort.
I have not forgotten you, the winds there report.

In so many churches they lie encased,
man and wife, in stone's embrace;
few see *Very pleasant hast thou been unto me.*

In Heraklion a fresco still hangs, a fragment
from Knossos, the "fair Parisian lady",
finely ground by layers of sediment.

What remains of us are fragments of loving.
They lie at the foundation of this poem,
made for you, my wife of the fresco, your home.

(From: *Die Burg van Hertog Bloubaard*, Tafelberg Publishers, 2000)
(Tr. by Leon de Kock)

Anne Sexton en Kie

Wat het gebeur, Anne,
toe jy aanklop
by no. 45, Genadestraat?
Het niemand
oopgemaak nie?

Jy was Anne met 'n e
soos Anne van Green Gables
maar vir jou was God nie in sy hemel
en met die aarde alles wel nie.
Jy het wondere beleef
soos gevalle engele wat rondrol in die slaai,
visse wat loop;
poësie was meer as 'n appelgroen somerlug,
'n wit amandelboord en rooi esdorings in die herfs;
geloof meer as 'n aandgebed en katkisasie:
moeiliker, gevaarliker – verskriklik,

maar liefde, het jy gesê, is eenvoudig soos skeerseep
en tog het 'n man jou nie regtig ná gekom nie,
net jou pa
en pa's van mooi, slim dogters
maak hul vir sterwe groot:
na hom verwek elke man haar tot die dood:

Ingrid, Sylvia, jy:

As die sout van trane te min geword het,
kan jy nog altyd die see inloop en uitgespoel word in poele
wat genadig stil en diep vir kluisenaarskrappe is.
En as koue wintermôres
jou klokslag wakker maak
wanneer jy nog toegemaak wil lê
in die slaap se warm, donker skoot,
kan jy jou hoof neerlê in 'n oond,
die wiegliedjie van die gasbuis suisend oopdraai:

Lina Spies

Anne Sexton & Co

What happened, Anne,
when you knocked
at no. 45, Mercy Street?
Didn't anybody
open for you?

You were Anne with an e
like Anne of Green Gables
but for you God was not in his heaven
and all not well with the world.
You experienced miracles
like fallen angels rolling around in the salad,
walking fish;
poetry was more than an apple-green sky,
a white almond orchard and red maples in autumn;
belief more than evening prayer and confirmation classes:
more difficult, more dangerous – ghastly,

but love, you said, is simple like shaving-soap,
yet no man ever really got close to you,
except your father
and the fathers of beautiful, brainy daughters
raise them for death:
after him each man begets in her more death:

Ingrid, Sylvia, you:

When the salt of tears is no longer enough,
you can still walk into the waves and be washed up in pools
mercifully still and deep for hermit crabs.
And when cold winter mornings
wake you like clockwork
when you still want to lie covered
in sleep's warm and dark lap,
you can lay your head in the oven,
turn open the hissing lullaby of the gas-pipe:

jy is meteens 'n woordelose fetus,
nie meer 'n kind wat oulik praat,
'n meisie wat verse maak,
'n vrou wat dig nie,

jy sluk nie meer pilletjies
teen terminale insomnia en endogene depressie nie;
die camouflage van slim voorskrifte is nou onnodig:

uiteindelik kan jy terugkruip in die beendere van die vader
en die genade Gods
kluit vir kluit
op jou voel val.

Geen luitoon

Ek sit daagliks gekluister aan my rekenaar –
'n getroue en geteisterde Penelope
wat na die skerm staar,
en my vingers dwing tot vaardigheid
om woorde op die sleutelbord te vind
waarmee ek verse maak
terwyl ek luister tot my ore tuit
na die stilte wat my omring:
Wanneer hoor ek weer die rinkeling
wat as ek antwoord gee
oor tyd en afstand heen
in 'n oogwink my en jou kan laat rym
ongeag of ons tuis bly of in vreemde streke reis?

Die behoefte aan jou stem kramp
in my hand wat die uitgewiste reëls herskryf
binne die plas lig van my lessenaarlamp,
terwyl ek in ons eeu van tegnologiese wonders
soos die Penelopes van alle tye aandagtig wag.
Waar, geliefde Odusseus, bevind jy jou
aan die swygende, donker buitekant?

all at once you are a mute fetus,
no longer a child with canny talk,
a woman writing verse,

you no longer swallow tablets
against terminal insomnia and endogenic depression;
the camouflage of crafty prescriptions no longer necessary:

finally you can crawl back to the bones of the father
and feel God's mercy
fall on you
clod by clod.

(From: *Die skyn van tuiskoms*, Human & Rousseau, 2010)
(Tr. by Johann de Lange)

No ringtone

Daily cloistered to my computer –
a faithful and afflicted Penelope
staring at the screen,
forcing my fingers to be deft
finding words on the keyboard
to fashion into verse
all the while listening with ears ringing
to the silence surrounding me:
When will I hear the tinkling again
which, should I answer,
will across space and time
in the wink of an eye make you and me rhyme
no matter if we're at home or traversing foreign places?

The need for your voice cramps
my hand rewriting deleted lines
within the splash of light from my desk lamp,
while in the age of technological wonders I
like the Penelopes of all ages wait attentively.
Where, dear Odysseus, in the silent
darkness outside are you tonight?

(From: *Tydelose gety*, Protea Book House, 2010)
(Tr. by Johann de Lange)

Jong dogtertjie

> Sex, which breaks us into voice, sets us calling across the deeps,
> calling, calling for the complement ...
>   – *D.H. Lawrence*

Jy staan voor my net met jou heuninglyfie,
die see se soutsmaak teen jou gladde vel,
sy kleur voorlopig in jou oë bewaar,
die sonlig in jou haartjies vasgestrik.

Van die laaste klere-lastigheid
het jy sonder seremonie ontslae geraak
en skaamte-onbewus vertoon die vlesige klein skulp
met sy dubbelvou na binne tot die smal gleufie
wat voorlopig alle toegang ontsê,
nou nog haarloos en oesterpienk totdat op dertien jaar
die see sal grys word in jou helder oë.

Dan sal jy gretig en angsvallig
na die verbode pêrel soek
maar die see en naakte son
sal jy nooit weer volledig ken nie
voordat 'n ander vlam jou tot die laaste
wit pit teen die blaker brand.

Vir Anne Frank van *Het Achterhuis*

Hulle onthou die gaskamers, Auschwitz,
as van lyke, onsigbaar vervoer deur eensame riviere,
die meisie in haar sabbatrok
wat in die dodeput afstort,
die vrou wat met sekslose sekerheid besef
uit haar vervloekte bloed sal 'n kind
die nuwe, vrye wêreld nooit weer vind ...

Maar in die Agterhuis was veel
menslikheid: Mevrou van Daan,
prikkelbaar-bevrees, vervelig-verwaand,
'n moeder se subtiel verset,

Young girl

> Sex, which breaks us into voice, sets us calling across
> the deeps, calling, calling for the complement ...
> – *D.H. Lawrence*

You stand in front of me with your honeyed body,
the ocean's saltiness on your smooth skin,
its colour for the present preserved in your eyes,
tiny bows of sunlight tied up in your hair.

Unceremoniously you freed yourself
from the last encumbrance of clothes
and unaware of shame revealed the small fleshy shell
with its double fold tucked into the narrow slit
which for the moment forbids all entry,
still hairless and oyster-pink until at age thirteen
the ocean will grow grey in your clear eyes.

Then, eager and anxious,
you'll seek the forbidden pearl
but the fullness of sea and naked sun
you will never know again
until a different flame will burn you down
to the last white wick in the candlestick.

(From: *Die skyn van tuiskoms*, Human & Rousseau, 2010)
(Tr. by Johann de Lange)

To Anne Frank of *Het Achterhuis*[3]

They remember the gas chambers, Auschwitz,
ashes, transported unseen through lonely rivers,
the girl in her Sabbath dress
flung down death's well,
the woman realising with sexless certainty
that from her cursed blood a child shall
never find the new, free world …

But in the *Achterhuis* it was
all too human: Mrs Van Daan,
irritable-anxious, bored-arrogant,
and a mother's subtle revolt,

[3] Anne Frank named the secret annexe of the house where the family hid "het achterhuis". It became the title of the first publication of the diary in the original Dutch and all following editions.

omdat haar kind die vader liewer het …
En tog moes jy jou jong
ontwaking leer verstaan – alleen.
En wat het al jou vroulikheid gebaat?
Jy moes die laaste toevlug deel
vir nog 'n Jood se veiligheid –
tandarts Dussel jou ongewenste kamermaat.

Toe het jy jou na hom gekeer
– soos jy uit sy jeug geruk tot in 'n solderkamertjie.
Blou agter 'n berookte ruit en 'n gordynde raam
het helder in sy oë kom leef …
maar die natuur verdra geen surrogaat –
jy het geweeg, te lig bevind. Weer
moes Peter maar vir Mouschi streel
en vir 'n troos het jy seisoenverward
pinksterrose en bloudruifies in een droom verbeel.

Meer as Jood of Christen het jy geweet
die mens se gees oorwin as hy
elke dag sy aartappels met vreugde eet.

Ontdaan

Vir Andries van Aarde

Nee, dit was nie 'n heilige nag nie;
dit was 'n nag soos alle ander nagte.
Miskien was dit 'n sterligte nag
waarin dieselfde sterre
– soos die wette van die natuur bepaal –
geskyn het bo Galilea,
die oproerige provinsie
waarop die Romeine altyd 'n wakende oog moes hou.

Nee, jy het nie – hoogswanger – die reis afgelê
saam met Josef, die fiktiewe vader van jou ongebore kind,
om jou te laat inskryf in die sensus
soos bepaal deur keiser Augustus nie;
vrouens het nie getel as inwoners van 'n land nie.

because her daughter loved the father more …
And there you had to learn to understand
your young awakening – alone.
To what avail was all your femininity?
You had to share the very last refuge
for the safety of yet another Jew –
dentist Dussel, your unwanted roommate.

Then you turned to him –
like you tore from his youth to a tiny attic room.
The blue beyond a smutty pane and curtained window
shone brightly in his eyes …
but nature tolerates no substitute –
you weighed, and found too light.
So Peter had to stroke Mouschi once again
and you, seasons confused, found consolation
in one dream of peonies and blue grape hyacinths.

More than Jew or Christian you understood
that the human spirit shall overcome if
you can rejoice in your daily potato meal.

(From: *Die skyn van tuiskoms*, Human & Rousseau, 2010)
(Tr. by Titia Brantsma – Van Wulfften Palthe)

Unsettled

For Andries van Aarde

No, it was not a holy night;
it was a night like any other.
Maybe it was a starlit night
in which the same stars
– as the laws of nature decree –
shone over Galilee,
the unruly province
closely watched by the Romans.

No, you did not – heavily pregnant – travel the distance
with Joseph, the fictitious father of your unborn child,
to be registered in the census
as ordered by Emperor Augustus;
women did not count as citizens of the land.

Nee, jy het nie gelyk soos die Italiaanse meesters
jou later geskilder het nie –
die nakomelinge van Pontius Pilatus
wat daardie kind wat jy in skande moes baar
toe hy êrens in sy dertigerjare was
veroordeel het tot die skanddood aan 'n kruis.

Nee, jy het nie 'n Fra Angelico-blou mantel gedra
en bo jou hoof het geen stralekrans geskyn
toe 'n sogenaamde engel jou die boodskap sou gebring het
dat die kind wat jy gedra het die Seun van God was nie.

Nee, jy moes donker gewees het van huid en haar
– eie aan die volk waartoe jy behoort het –
en aan die vrug van jou skoot
moes jy soos alle uitgeworpenes swaar gedra het;
of hy uit ongeoorloofde liefde verwek is
of uit ongeoorloofde misbruik van 'n vrou.

Vaderloos in Galilea, het God van Hom besit geneem
sodat hy aan swakkes en geminagtes
die status van menswees kon gee;
sy hande op kinders kon lê
en vrouens na hom aan kon trek
onder wie hy jou nooit uitgesonder het
as die Moeder van God nie.

Ek was lank op reis na hom
maar eers toe die engelekore stil geword het
en ek sy stem kon hoor;
eers toe die geur van wierook en mirre verdamp het
en ek die sweet en stof kon ruik
van sy tuistelose omswerwinge,
het ek my rug gedraai op die Kind van Bethlehem
en jou seun ontmoet, rabbi Jesjoea van Nasaret.

No, you did not look like the portraits Italian masters
later painted of you –
the progeny of Pontius Pilatus
who condemned the child you bore in shame
when he was in his thirties
to a shameful death on a cross.

No, you did not wear a Fra Angelico blue cloak,
no halo adorned your head
when a so-called angel brought you the message
that the child in your womb was the son of God.

No, you must have been dark of hue
– like the people to whom you belong –
and bearing the fruit of your womb
must have been hard like it is for outcasts;
whether he was conceived from illegitimate love
or from the illegal abuse of a woman.

Fatherless in Galilee, God usurped him
so that he could give the weak and downtrodden
the status of humanity;
could lay his hands on children
and draw women to him
among whom he never set you apart
as the Mother of God.

My journey to him was long
but only when the angels' choirs were silent
and I could hear his voice;
only when the scent of incense and myrrh had faded away
and I could smell the sweat and dust
of his homeless wanderings,
could I turn my back on the Child of Bethlehem
and meet your son rabbi Jeshua Nazareth.

(From: *Tydelose gety*, Protea Book House, 2010)
(Tr. by Yolanda Dreyer)

waar jy ook al is

waar jy ook al is
loop jy uit in die nag

die maroelaboom se blare
skarrel soos eekhoringvoete
oor 'n swartteëldak-huis

jy voel die haastige asemhaling
van voëls of takke
wat prewelend waak

bougainvilleablomme herhaal
die kleur van die mure
die sandkleur in die leiklipvloer
die bergklip se vleesbruin eggo
in 'n sonsondergang
wat ruik na mangobloeisels
in 'n boord van beloftes

by die dompelpomp staan jy stil:
die aalwynblom vlam geler as ooit
die eekhorings roep dié tyd van die jaar
bronstig na mekaar,
'n rooirugjakkals kruip
agter die skaapkraal uit,
rooivinke swiep-swiep onrustig
in tuitneste bo die Mokolorivier

die nag hang 'n spikkelkleed
om haar skouers,
die bul se horings word 'n sekelmaan,
'n kierieklapper val buite jou kamervenster
soos sterre uit 'n droom,
die mamba streep in 'n komeet
uit die nyalaboom

doesn't matter where you are

doesn't matter where you are
you always walk the night

marula leaves
scuttle like squirrels' feet
across the black roof-tiles

you feel the quick breathing
birds or branches
muttering as they keep watch

bougainvillea blooms mimic
the colours of walls
hues of sand in the slate floor
mountain stone's echo of flesh
all of it in a sunset
with a whiff of mango blossom
in an orchard of promise

at the old water pump you come to a halt:
aloes flaming loud yellow
this is the time of the year
when squirrels call
lustily they call to each other
and a red jackal crawls out
from behind the sheep pen,
red bishops chirping restlessly
in teat-nests above the Moloko River[4]

over her shoulders
night drapes a speckled robe,
the bull's horns become a sickle moon,
bushwillow-fruit hits the ground outside your window
like stars falling from a dream,
the mamba flashes, a comet,
through the nyala tree

[4] A river in the Waterberg area of the Limpopo province, South Africa.

jy tel 'n halwe eierdop op

in hierdie grond is jy begrawe
en keer jy telkens terug
soos 'n hond na 'n been

híér het jy die blindwit
aartsengel gesien
en wolke soos geboortevlekke
en vlinders in 'n boord in Augustus

jy klim terug in jou bed:
die week-oue kuiken
slaap donsgeel in jou nek,
sy oë nagswart papajapitte
in 'n son van vere

die stokgogga by die groen sifdeur
se vlerk vou oop soos 'n gedig

in die nag het ek Jou naam geroep

in die nag het ek Jou naam geroep
uit 'n stad grou van verrotting
het Jy gekom
deur die roetstrate van Langa
oor die roesdakke van Khayelitsha
verby die krotjies van Imizamo Yethu
het Jou asem soos 'n ruiter gejaag
en die berge het gehurk
en die lug was broos gekneus
soos 'n bloukol wat verkleur

you pick up a halved eggshell

in this ground you lie buried
and you keep on coming back
like a dog to a bone

it was here you saw the blindingly white
arch-angel
and clouds like birthmarks
and butterflies in an orchard in August

you climb back into bed
the week-old chick
lies sleeping, downy yellow, in your neck
his eyes night-black pawpaw pips
in a sun of feathers

at the green gauze-door
the stick-insect's wings open like a poem

(From: *die vloedbos sal weer vlieg*, Tafelberg Publishers, 2006)
(Tr. by Leon de Kock)

in the night I called out Your name

in the night I called out Your name
from a city gnawed by rot
You arose
through the soot-streets of Langa[5]
across the rust-roofs of Khayelitsha[6]
past the huddles of Imizamo Yethu[7]
Your breath raced like a horseman
and the mountains crouched
and the air was bruised, fragile,
like a wound going purple

[5.] A suburb found in Cape Town, South Africa. It is one of the many areas in South Africa that were designated for blacks during the apartheid era.

[6.] A partially informal township in Western Cape, South Africa, located on the Cape Flats. The name is Xhosa for New Home.

[7.] An informal settlement in the greater Hout Bay Valley area, Cape Town, South Africa.

in die nag het ek Jou naam geroep
en die klank het 'n veldbrand versprei
oor die Twaalf Apostels se nekke
was die reuk van vlamme
en kraakdroë blare
en boomskelette
had die vorm van engele
toe Jou naam
soos 'n vuurklip
uit my mond uit vlieg

in die nag het ek Jou naam geroep
toe die Aprilwind die bas van die bome skil
en die vloere taai was van bloed
en bloed teen die kosyne
het Jy na my gestorm
oor 'n see van wolke
met blitse in Jou oë
Jou baard en hare
vol vroegherfsreën

Jy het gekom
uit alle windrigtings
driftig soos 'n bruidegom
met 'n kleed van weerlig
oor die skouers
oor plooiberge en stapelrots
het Jy gejaag
asof die sterre val

in die nag
toe ek Jou naam roep
en Jy sidderend van liefde
inskuif
tussen my nagrok
en drie rowers
wat op die vlug slaan
voor die dertien letters
van Jou naam

in the night I called out Your name
and the sound of it blew forth a veldfire
the smell of flames
ascended the necks of the Twelve Apostles[8]
and tinder-dry leaves
and exoskeletons of trees
took the form of angels
as Your name
like a burning stone
flew from my mouth

in the night I called out Your name
as the April wind peeled the bark off trees
and the floors were sticky with blood
and blood on the doorframes
You stormed towards me
across a sea of clouds
with lightning in Your eyes
Your beard and hair
dripping with early autumn rain

You arose
from all four corners of the earth
fiery as a bridegroom
with a cloak of thunder
over Your shoulders
You raced
across pleated mountains and stacked rock
as if the stars were falling

through the night
when I called Your name
and You slid in
trembling with love
between the folds of my nightgown
and three robbers
who took flight
before the eleven letters
of Your name

(From: *die vloedbos sal weer vlieg*, Tafelberg Publishers, 2006)
(Tr. by Leon de Kock)

[8.] The mountain forms part of the Table Mountain National Park.

om op die rug van 'n donkie in die see te swem

om op die rug van 'n donkie in die see te swem
deur 'n land bo die wolke
oor landskappe van droom
'n pen soos 'n staf in die hand

om bloots op 'n esel oor 'n golf te galop
warrel in die hare
Stormmeeu op die skouer
se vlerk gesprei teen die strale
om saam met 'n hings deur seë te ry
voorkop rug voetbrug gesout
teen die brand van blindwit branders

om borsdiep in 'n woord te toer
die walvis 'n inkvlek op blou papier
wanneer die Windmaker se asem
die water stadig roer

om veerlig te dryf
verse te skryf
die son 'n engelkop
vanaf 'n eselrug aanskou
om die heelal en hemel só dop te hou:
laat my reise voortaan eenvoudig wees

sondoop
   Malawi

jou hare en voete
was die kleur van naeltjies

in die flou lig van die son
wat glip deur die kombuis
was moeders soos kalbasse
rond aan't klots en klets
op gebreide boerbokvel

to swim the sea astride a donkey

to swim the sea astride a donkey
through a blue country above the clouds
across landscapes carved out of dream
a pen like a staff in my hand

to gallop bareback on a mule across a wave
wind whirling my hair
on my shoulder a petrel's wing outspread
against the glare
to ride through the seas on a stallion
forehead back arch of foot seasoned
against the burn of blinding waves

to sink chest-deep into words
a whale no more than a blot on blue paper
as the Windblower's breath
slowly stirs the water

to drift light as a feather
writing poems
the sun like an angel's face
seen from a donkey's back
to keep watch over the world and the heavens:
from now on, let my travels be simple-hearted

(From: *woud van nege en negentig vlerke*, Tafelberg Publishers, 2009)
(Tr. by Leon de Kock)

baptism of sun
   Malawi

your hair, your feet
were the colour of cloves

in the weak sunlight
filtering into the kitchen
mothers like calabashes
nattered on knitted goatskin

iemand het die werf
met 'n stokbesem gevee
en die rietmat oopgerol

'n ouvrou met blaartjies
in hoë wange gekerf
het grondbone vir ons gegee
en kookeiers vir die langpad

haar oogwitte 'n dooiergeel

die mense het gesê
jy is die klip by die spruit
waar donkies drink en roofvoëls bad -
bidsprinkaan tussen jou tone
geitjies wat op jou voorarm paar

die wagters het gevloek
toe jy die bok-ooi losknoop
sodat sy vry kon wei

maar ons het weggehol
verby ses seuntjies in 'n kring
wat 'n groen papaja deel
en 'n man met asvaal knieë
het derms oor 'n vuur gebraai

my woorde was te jonk
vir die suigeling wat rits
op sy ma se rug

– brommers tros om die oë –
en die twaalfjaarkind
met haar baba Chinsinsi
wie se skuins mond saggies skel
toe ons vra dat sy vertel
waarom die naam dan Geheim is

someone swept the yard
with a tree-branch
and rolled open the reed mat

an old woman with leaf-shapes
etched into high cheeks
gave us monkey nuts
and boiled eggs for the road

the whites of her eyes yellow like yolks

people used to say
you are a stone next to a stream
where donkeys drink and vultures bathe −
a praying mantis between your toes
geckos mating on your forearm

the guards started swearing
when you untied the she-goat
so she could graze freely

but we took to our heels
past six little boys in a circle
who were sharing a green pawpaw
and a man with ashen knees
cooking tripe over flames

my words were too new
for the infant jiggling
on his mother's back

− flies bunching around his eyes −
and the 12-year-old child
with her baby Chinsinsi
her angled mouth quietly scolding
as we asked her to explain
why she named him Secret

ons het hande-viervoet
oor Nkhomaberg geklim
en afgekyk na mielielande
se verwaaide klossiesbaard
en swenkende paaie
en na die wolke en die wind

Katri, is God in dié wolk?
het jy skielik gevra
toe dit lyk of iemand hemel toe is

die laaste oggend langs die meer
het ons gehoor in die ooste
is 'n Man vermoor
en op die horison
het die bloedspoor verraai
dat Hy eeue om die aarde loop
in die hoop dat die vissers in die skuite
of die visarende of skare
hulself soos jy
in die son sal doop

palm-pas

saans dra ek my man se glimlag
soos 'n sekelmaan in my

die dag word ryp tot 'n ingeslape groen katel
die inmekaarpas in die binneplaas
is 'n skaamtelose psalm
die musiek loop uit
in kleur en klank:
hoe heimlik primitief
is ons hartklop
in die nanag

we crawled on all fours
across Nkhoma[9] mountain
and looked down upon mealielands
with their windblown, tassled beards
and swerving roads
and the clouds and the wind

Katri, is God inside this cloud?
you suddenly asked
when it seemed someone had gone to heaven

the last morning at the lake
we heard a Man had been murdered
in the east
and on the horizon
the blood trail revealed
that He walked the earth for centuries
in the hope that the fishermen in their boats
or the fish eagles or the crowds
would, like you,
baptise themselves in the sun

(From: *woud van nege en negentig vlerke*, Tafelberg Publishers, 2009)
(Tr. by Leon de Kock)

snug

in the evenings I carry my husband's smile
like a crescent moon inside me

dawn ripens into a snug green bed
this deep fit in the inner court
a shameless psalm
music darting out
in colour and tone:
how primitively secret
our heartbeats
in the small hours

[9.] A hill in the Lilongwe District of Malawi.

vanaand prewel ons
die driehonderd seëninge in ons slaap
en benoem mekaar langsamerhand:
jou lokke jou wimpers jou werwels
jou spiere vol afwagting en ingehoue spanning
jou oë wat met my tone speel oor my kuit my ken

ons besing mekaar vanuit verhemeltes
asof ons onder die sterre tuishoort
op die rand van die aarde
van vergetelheid tot stadig bloeiende tyd
en ook die Ewigheid

Lima
Peru

probeer om te vergeet

waarsku die stad om lig te loop
want ek wil die kind op die sypaadjie nie sien nie
gesig versluier agter vuillug *garúa*

probeer om te vergeet
die koue kind ruik Mercado del Indios
se alpakkatruie en musse van wol

laat die stad in vlamme opgaan
want ek wil haar nie so sien nie

die kind staan met hartseer speelballe
in 'n stad van waansin
waar sy stiptelik om spitstyd
al op die stippellyn wawiel
die munte traanblink in haar hand

tonight we mumble
the three hundred blessings in our sleep
and name each other at length:
your locks your eyelashes your vertebrae
your muscles trembling with expectancy
your eyes playing across my toes my calf my chin

we sing each other's praises to the heavens
as if we belong with the stars
at the very edge of the earth
between oblivion and slow ripening
and also, Eternity

(From: *woud van nege en negentig vlerke*, Tafelberg Publishers, 2009)
(Tr. by Leon de Kock)

Lima
   Peru

try to forget

warn the city to tread carefully
because I don't want to see the child on the sidewalk
her face veiled behind the dirty-air *garúa*[10]

try to forget
the cold child can smell the Mercado del Indios[11]
its alpaca jerseys and woollen caps

let the city go up in flames
because I don't want to see her like this

the child stands with heartbreak toy-balls
in a city of madness
where she wheels, punctually,
at peak hour, on the broken white line
coins tear-bright in her hand

[10.] The dry wind that hits the lower western slopes of the Andes creating a low level of
cloud. Within the Andes Mountains the garúa blocks out the sun for the cooler six months
of the year.

[11.] A huge craft market in Lima, Peru.

steeds is haar voete duiwe
duiwe al op die stippellyne
kwetterend bo-oor die praatsang van priesters
swiepend oor verlamde moeders wat llamalammers brei
singend teen niksseggende vaders met arendsneuse
en koppe van klei

en haar voete praat luider as die stemme van priesters
en haar voete vleg vinniger as die hande van moeders
en haar voete dink verder as die koppe van vaders

fladderend in wawiele
is haar voete tweelingduiwe in vlug
asof die *shajshas* se bokhoewe ratel
en iemand 'n vyfsnaar-*charango*
tokkel teen haar vel

moet die geluid van remme nie onthou nie
en die kras gefluit van die wind deur die straat

probeer vergeet
probeer vergeet
dat Lima 'n dogtertjie was

still, her feet are doves
doves on the white lines
twittering above the chant-talking of priests
swooping over lame mothers who knit llama lambs
singing against voiceless fathers with hawk-noses
and heads of clay

and her feet talk louder than the voices of priests
and her feet weave faster than the hands of mothers
and her feet think further than the heads of fathers

fluttering in circles
her feet are twin doves in flight
as if the goat-heels of *shashas*[12] are rattling
and someone is plucking a five-string *charango*[13]
against her skin

do not remember the sound of brakes
and the crass whistling of wind through the street

try to forget
try to forget
that Lima was a little girl

(From: *woud van nege en negentig vlerke*, Tafelberg Publishers, 2009)
(Tr. by Leon de Kock)

[12.] Peruvian music instrument.
[13.] South American guitar traditionally made from the shell of an armadillo.

Afrikaliefde

Soos Inhaca kyk na die kus, is ek gekeer
na jou, met my sagte mond, my borste.
Soos sy nestel ek in 'n baai van vriendelikheid,
groei ek, koraalsgewys maar seker
nader aan jou, my vasteland. Wat
skeel my die koopvaardy agter op die beukende
see? My druipende wortelbome staan
in soel waters slu treetjie vir treetjie nader.
Hoe lank nog eer ek my met jou breë
kasjoeneutbosse verenig, eer ons inmekaarpas,
jou rietbegroeide arm om my,
jou bruin liggaam my liggaam?

Ecce homo

Wat het hom tog besiel om te wil
regop staan? Kierts! Tog nie net
dors na kennis, die bykom van 'n appel
boaan 'n baie groot, sugtende boom nie?
Hande-viervoet sou hy ook, op 'n lei,
kon leer lees en skryf het, later
die relatiwiteitsteorie vinger-in-die-sand
kon uitgewerk het, en uitgevee het
(want waarvoor?) met minder rugkwale.
Hande-viervoet kan jy godsdiens beoefen,
loer in 'n mikroskoop, klavier speel,
beelde boetseer, op jou rug rol om plafonne
te beskilder, weer omrol en van jou steiers
afklouter, fronsend, ingedagte, honger.
Hande-viervoet is eet en drink speletjies,
paring vanselfsprekend. Alles gaan.

Wilma Stockenström

Africa love

Like Inhaca facing the coast, I'm turned
to you, with my soft mouth, my breasts.
Like her I nestle in a bay of kindness,
I grow, coral-like but without fail
closer to you, my mainland.
What does the mercantile marine back
on the battering seas mean to me?
Cunningly my dripping mangroves advance
in tepid waters step by little step.
How long before I merge with your wide
cashew-nut forests, before we fit into each other,
your reed-overgrown arm around me,
your brown body my body.

(From: *The Wisdom of Water: A Selection*, Human & Rousseau, 2007)
(Tr. by Johann de Lange)

Ecce homo

Whatever possessed him to want to stand
bolt upright? Not thirst for knowledge
only, surely, the reaching for an apple
high up on a very big, sighing tree?
On all fours he would have learnt
to read and write as well, later
figured out the theory of relativity
finger-in-the-sand and wiped it out again
(what for, anyway?) with fewer backaches.
On all fours you can practise religion,
peer in a microscope, play the piano,
sculpt, roll over on your back to paint
ceilings, roll back again and climb down
from your scaffolding, frowning, lost in thought, hungry.
On all fours eating and drinking is child's play,
mating a matter of fact. Everything goes.

Net toneel speel, lyk dit my, sou bedenklik
ingewikkeld, haas onmoontlik en regtig
lagwekkend wees. Regtig. 'n Kruipende
Faust. 'n Klutaimnestra met swengelende
borste. Nee! Drama wil hoog reik!
Daar staan hy nou met sy weekdele bloot,
die mens, die sot, die groot toneelspeler.

Ooskus

Opgekrul lê die ooskus en slaap,
vrou met die kankerende stede
soos oopgebreekte krappe in haar borste
wat haar melk in die grond laat sypel
om soet tot wit wortels te skif.
Uit haar skaamte vloei 'n vog van miere
weg in die holtes van vermolming.
Sy is die pragtige vrugbare lyk
met spikkelblare vir ooglede,
gedurig verwordend tot boom of gebou,
tot rokende neusgate van nywerhede.
Uit semen kwistig vir haar gemors
ontstaan tussen die ysterriete van hyskrane
die nuwe jongelinge, 'n voetstampende duisend
wat op die skilde van hul borskaste
slaan en uitroep: Afrika.
Afrika uit die nawel van 'n swamvrou.

Glansspreeubekentenis

Uit donker geglip na goddelikheid,
ewe vlug van luister ontdaan,
wil ek wip-wip kleur beken.
In die glansspreeuverskuiwing

Only acting, it seems to me, might have been alarmingly
complicated, well nigh impossible and really
silly. Really. Faust crawling.
Clytemnestra with breasts dangling.
No! Drama reaches high!
So there he stands with tender parts exposed,
man, fool, big actor.

(From: *The Wisdom of Water: A Selection*, Human & Rousseau, 2007)
(Tr. by Johann de Lange)

East Coast

Curled up, woman with cancerous cities
like broken crabs in her breasts
making her milk seep into the ground
to curdle sweetly into white
roots, the east coast lies asleep.
Into hollows of mouldering a moisture of ants
oozes from between her thighs.
She is the lovely fertile corpse,
her eyelids mottled leaves,
steadily decaying into tree or building,
into industry's smoking nostrils.
From semen so lavishly wasted on her,
amid the steely canes of cranes,
there sprouts the new youth, a foot-stamping
thousand, beating the shields of their chests,
shouting: Africa!
Africa out of a toadstool woman's navel.

(From: *The Wisdom of Water: A Selection*, Human & Rousseau, 2007)
(Tr. by Johann de Lange)

Confessions of a glossy starling

Slipping from darkness to godliness,
as quickly stripped of splendour, I,
hopping about, try to show my colours.
In the glossy starling-shifting

van glans na vergetelheid
verloor ek behae aan hopeloos
ek – spreeu sus, spreeu so – ek wees.

Altyd bly vlieg van die tak
om jou oulikheid op te vysel
pik-pik by sandale en vellies,
spreeu sus, spreeu so te bly
van vergetelheid, glans; nooit
ophou hunker na einddeurlewing
tot blou en groen en veergeworde vlam.

In my glansspreeubekentenis
wip ek van waarheid verlig
na duister skadu en ondeug,
tintel ek uitspattig van veer,
lastig en eentonig van taal
en bekla en beken en bly ek
voël van glans én van vergetelheid.

Die skedel lag al huil die gesig

Eendag sal ek, weet ek, die dood
met laggende skedel trotseer. Minstens
my sin vir humor sal ek behou. Maar
of ek soos oorlee mevrou Ples en soos
die bloubok van my geboorteland
ook 'n glaskas in 'n museum sal haal?
'n Seldsame dier is die mens nou nie juis.

Tog, hoe slim tog is ons met ons
innerlike uurwerkvernuf, hoe sterk
die groot swaaiende hyskraangebare
waarmee ons wolkekrabbers reghoekig
neerplak in woon- en sakekomplekse.
Merkwaardig ons grabbelende navorsing
dwarsdeur dolomiet om ons arms diep
soos skagte te sink en die grys erts

from lustre to oblivion
I lose delight in hopelessly
– starling this, starling that – being me.

Always alighting from the branch
to pander one's precocity,
pecking next to sandals and vellies,
remaining starling this, starling that
of oblivion, lustre; never to
stop yearning for the final surrender
to blue and green and feather-turned flame.

In my glossy starling confession
I hop from truth illuminated
to obscure darkness and mischief,
I sparkle with gaudy feathers,
my speech petulant and tedious
and complain and confess and remain
bird of lustre and of oblivion.

(From: *The Wisdom of Water: A Selection*, Human & Rousseau, 2007)
(Tr. by Johann de Lange)

The skull laughs though the face cries

One day, I know, I'll outface
death with skull grinning. At least
I'll retain my sense of humour. But
whether, like the late Mrs Ples
or the bluebuck of my native land,
I'll warrant a glass case in a museum ... ?
Man is not exactly a rare animal.

Still, how clever we are with our
inner clockwork-genius, how strong
the wide swaying crane-like gestures
with which we drop rectangular skyscrapers
in residential areas and business centres.
Remarkable our scrambling research
right through dolomite to sink our arms
shaft-deep to grab and haul up

te gryp en op te trek, te vergruis en te
veredel tot staaf op staaf korfagtig
gepakte kluise van belegging. A ja,
wonderbaarlik ons vermoë om weggooisand
tot vuurstof te verryk wat as ons wou
alles onherhaalbaar in allerlaaste oplaaiing
woes skoon kan laat ontbrand.

Ek sê mos die skedel lag
al huil en huil die gesig.

the grey ore, grinding
and refining it to bar on bar of hive-like
packed safes of investments. Oh yes,
absolutely marvellous our ability to enrich
discarded sand to fire-dust
which, if we wanted to, might just
furiously, beautifully burn up everything
in an ultimate unrepeatable blaze.

Didn't I say the skull laughs
though the face cries?

(From: *The Wisdom of Water: Selected Poems*, Human & Rousseau, 2007)
(Tr. by Johann de Lange)

[By Delfi gloei die rotse]

By Delfi gloei die rotse
oker en geel en rooi,
dit kaats tot in die diepste
bergspleet waar die orakel sit
en Alexander wat by Aristoteles
leer twyfel het, wil weet: Moet hy
denke vir die spies verruil, dit
oor die wêreld werp dat
onsterflikheid uit die gepriemde
aarde kan gedy?

By Meiringspoort brand die rotse
oker en geel en rooi,
die Swartberg sny duisend
splete vir orakels
en ek, verdwaas en dom, wil weet:
Moet ek liefde vir die rus verruil,
dit soos 'n tent oor my laaste dae span
en hoop dat die geliefde
net voor die laaste nag
na my sal kom?

[hoe sal ek my woorde skik]

hoe sal ek my woorde skik
dat niks beskeie of brutaal
tussen die lyne lê;
my woorde stroop
dat elke woord in naakte taal
eenvoudig sê
ek het jou lief

Dolf van Niekerk

At Delphi the rocks glow

At Delphi the rocks glow
ochre and yellow and red,
reflecting right into the deepest
gorge where the oracle sits
and Alexander who learnt to doubt
from Aristotle, needs to know: Should he
trade thinking for the spear, cast it
over the world so that
immortality could flourish
from the wounded earth?

At Meiringspoort the rocks burn
ochre and yellow and red
the Swartberg a thousand clefts
carved everywhere
and I, stupefied and stunned, want to know:
Should I trade love for serenity,
spread it over my end days like a tent
hoping that the beloved
will come to me
if only for the last night?

(From: *Lang reis na Ithaka*, Protea Book House, 2009)
(Tr. by Tony & Gisela Ullyatt)

How should I gather my words

How should I gather my words
so that nothing modest or brutal
lies between the lines;
strip my words
so that every naked word
simply says
I love you

(From: *Lang reis na Ithaka*, Protea Book House, 2009)
(Tr. by Tony & Gisela Ullyatt)

[Hoe kon jy van my swye weet]

Hoe kon jy van my swye weet,
die stilte om my spraaksaamheid?
Ek wou jou in jou liefde ken,
die alchemie van vlees en bloed,
die tinteling van siel en dink;
ek wou die gedaantes van verlange
in een moment teleskopeer,
dit soos 'n brandglas op jou rig
tot die wonder oopbars soos 'n ryp granaat.
Maar nou is ek oplaas verplig
om nuwe stiltes te formuleer.

[In die dag se eerste lig]

In die dag se eerste lig
is my kamer vlakke wit
en blou, klinies maagdelik.
Woorde kleef nie, sweef jaar na jaar
tot die verlede in stilte verstar.
Lywe, oë en mond is taai,
klou op maniere aan balke,
deure en meubels – dye
wat dein, borste wat gloei,
voete met rooi naels op 'n wit mat.
Maar lywe skryf nie geskiedenis nie,
dis kanale vir die woord.

How could you know from my silence

How could you know from my silence,
the quietness of my words?
I wanted to know you in your love,
the alchemy of flesh and blood,
the tingling of soul and mind;
I wanted to banish the phantoms
of longing to a single moment,
focus it on you like a burning glass
until wonder, like a ripened pomegranate, erupts.
But now, at last I am compelled
to articulate new silences.

(From: *Lang reis na Ithaka*, Protea Book House, 2009)
(Tr. by Tony & Gisela Ullyatt)

In the first light of day

In the first light of day
my room's surfaces are white
and blue, clinically virginal.
Words don't stick, drift from year to year
until the past petrifies into silence.
Bodies, eyes and mouths,
cling in moist ways to beams,
doors and furniture – thighs
that heave, breasts that glow,
feet with red nails on a white rug.
But bodies do not write history,
they are vessels for the word.

(From: *Lang reis na Ithaka*, Protea Book House, 2009)
(Tr. by Tony & Gisela Ullyatt)

Aan die swaan op die Ij in Februarie

Swart swyg die IJ waar ek buig
na onderbrugse skulpgeruis, 'n inkswart
komma in die konglomeraat van glas,
'n vabond ontgogeld, neigend na treine,
'n aankoms op verkawelde perronne,
die landingsbane van 'n ander kant.

Deur wie se asem word jy plots gegee,
'n skalmei in my oorskulp gedruk teen die kade,
die kiel van 'n krokus onder my neusbrug,
van iris tot iris 'n harp onder seil?

Ek sluit my lede sodat niemand jou sien, 'n lied
wat ek nie eet nie tussen my tande, 'n koevert
aangevat in ylingse hande, 'n servet
losgeskud in die skoot van soprane.

Ek skryf met my vinger op my raam bo die IJ:
tussen die gewels is myne die een in balts.

Klaproos

   (1)
Klein klaproos opgeskote in my tuin
onmoontlik vermiljoen op 'n harige stingel,
enkelgekartel met 'n filigraan bewimperde pikswart oog,
ek het jou gepluk om jou te bestudeer
onder my lamplig aan my tafel.
Hoe moet ek oor jou skryf?
Wat ek kan sê is hoe jy nié is nie – nie plegstatig
soos die roos, geen strelitzia-aanstellerigheid
of ranonkel-opulensie, niks behalwe die oorgawe
aan rooi, die hart wat hom aan die wind vergooi nie,
'n uur van glorie onder die lig wat jou bloei.

294

Marlene van Niekerk

To the swan on the Ij in February

Black is the hush of the Ij where I lean
into the conch of the bridge,
an ink black comma in the conglomerate of glass,
waiting for trains, for arrivals on platforms,
for landing strips on the other side.

By whose gasp are you suddenly given,
a shawm[14] in my ear pressed to the quay,
the keel of a crocus under my nostril,
from iris to iris a harp under sail?

I close my eyes so that nobody sees you,
a song unswallowed between my teeth,
an envelope brimming in tremulous hands,
a napkin winged in the lap of a singer.

Look, I am writing a poem at my window on the Ij:
amongst the gables mine is the one that is plumed

(From: *Kaar*, Human & Rousseau, 2013)
(Tr. by the author)

The Red Poppy

(1)

Small red poppy sprung up in my yard impossibly vermillion,
on a hairy stem, a single silky drift unfurling, filigree lashed your pitch-black eye,
I have picked you to study under my lamp at my table:
your song, your point of view, your desire.
Why do I find you so exemplary? How must I praise a bloom like you?
What I can say is what you are not: no courtly affectation
of a rose, nor the strelitzia's punctilious head,
no opulence like that of the ranunculus, nothing but abandonment to red,
nothing but the heart's yielding to the wind, an hour of glory in the light
                                                    that bleeds
your flag, a brilliant ally of oblivion, with hidden in your skull,

[14.] Early woodwind musical instrument.

295

Briljante vasal van vergetelheid met verskole
in jou kop jou miljoene vermiljoene kinders
ingedamp in fyn swart sand, jou kroos sal jy strooi
deur die gaatjies in jou kroon as jy dood is.
Sekerlik is jy die een waarvan Jesaja praat
as hy sê die mens is 'n blom wat verdor
in die gras, jy kwyn reeds waar ek skryf, papawer,
in die donker van my hand.

trapsuutjies

(3)
was betrokke in 'n skop skiet en donder
van drake my ore is duike
geduimhandskoen ek –
niks aan te doen
aan die verminderde onderlip
aan die geradbraakte kraag
en die aardbologies
aan die hart wat klop in my maag
ek sien die wêreld met wêrelde
is 'n tak op 'n tak in die wind
beleef die verlange van vele
wat buk waar ek wieg
by die bog in my stert
by my ginderse tint
wat taal van hul taal maak my ter ere
gogga baken here wolk
openbaring posman perd
hulle moer
my tong is te taai om te tolk
ek is net my verminking werd

your million vermillion children,
reduced to fine black sand, your brood that will spill
through the holes in your crown when you are dead.
Surely you are the one that Solomon had in mind when he wrote that
human life
is like a flower that withers in the grass. No other solace but to add
that the word of the Lord will sound for ever like fine black sand.

As I write I see you shrivel, small papaver, in the darkness of my hand.

(From: *Kaar*, Human & Rousseau, 2013)
(Tr. by the author)

chameleon

(3)
got caught in a scrap
amongst dragons earplates got dented
thumbtied am i
nothing to be done
about the diminished lower lip
about the hacksawn collar
the globe-roaming eyes
the heart that beats in the stomach
i see the world with worlds
i am a twig on a twig in the wind
i observe the yearning of many
who pause where I sway
who marvel at my twisted tailpiece
at my outlandish tint
who make a language of their language in my honour
bogey beacon warlord cloud
revelation postman horse
bugger them
my tongue is too tough to translate
my mutilation is my only worth

(From: *Kaar*, Human & Rousseau, 2013)
(Tr. by the author)

Purperwind

As kind kon ek in 'n purperwind my ure lank verdroom,
sakramentblou in die vaalbruin somer van Riviersonderend:
alsiende oë uit die boek van openbaring, geskilder
op die heining van die hoenderhok waar veerpoot kapokke
rooi gate skrop langs die oopgesnyde trekkerband vol stowwerige water,
of 'n klein trompet van die tuinkabouter salomo
van binne toweragtig deur his masters voice verlig.
Agter die stalle waar hy hooibale stapel, fluit my pa,
'n skalmei in die wye trillende môre: bethlehemster o wonderlig
en die purperwind word op staande voet die heerlik-lieflike gesig:
'n ster kompleet met strale vyf en 'n herderstaf glinsterend in sy nawel.
Later met my nek gekrink vir 'n blik op die hemel volgens Tiepolo
in die kapel van Vierzehnheiligen by Bamberg, waar engele
die transe vol rinkink rondom die here wat onherroeplik gerococo
sy septer soos 'n stamper in die asure koepel hef,
moes ek 'n traan wegvee, omdat die gewelf my laat dink het
aan 'n morning glory, aan 'n toegerankte hoenderhok, aan my pa se
                                                    helder tremolo.

Hamba kakuhle, Madiba

Jy sal ons dalk nie hoor nie – tata baba – ons wat nekke rek
na waar jy glip, swart pimpernel, deur die bres
wat jy geslaan het in geskiedenis, die regte
waarvoor jy geveg het, vrede met 'n skerp wit prik
van waarheid tussen goudgeel bloeiseltrosse,
ons wat swak begaaf is in die groenkry van weerstandigheid
wuif jou vaarwel uit bergpoorte, vliegtuie,
uit blou plastiekstoele langs die pad.
Ek verbeel my die suising, die vervagende klanke
die gestommel om jou bed, jou borskas smagtend
in grou pajamas, jou kneukel ingesteek met soute
waarmee hul jou wil wakker hou, 'n damp
wat jy moet asem deur 'n laaste
strakgebinde masker.

Convolvulus

As a child I could for endless hours gaze into a morning glory,
its sacramental blue in the fallow summer of Riviersonderend:
they were all-seeing eyes from the book of Revelations, painted
on the fence of the chicken coop where rough-spurred bantams
scratched red holes in the earth beside an old tractor tyre full of dusty water,
or a small trumpet for Solomon, the garden gnome
lit up from within, magically, by his masters voice.
Behind the stables, stacking hay bales, my father whistles,
a reed in the wide, brimming morning: star of the east, oh Bethlehem star
and the morning glory, standing there, turns into a glimpse of heaven
complete with five points and a glowing crosier shimmering in its navel.
Later, with my neck crinked for a view of paradise according to Tiepolo
in the chapel of the Vierzehnheiligen at Bamberg, firmamental angels
romping round the Lord, who, irrevocably rococoed
heaves his sceptre like a pestle in the dome,
I had to wipe away a tear, for that azure arch had me remembering
a morning glory, an overgrown chicken coop, and my father's ringing
tremolo.

(Unpublished)
(Tr. by the author)

Hamba kakuhle, Madiba

You might not hear us – tata baba – we who crane our necks
to catch you slipping, black pimpernel, from the crack
you've wrought in history, the justice that you fought for,
the peace that bore a sharp white thorn of truth
amongst its clustered yellow flowers.
We who are less gifted in the greening of subversion
are bidding you farewell from mountain gates and aeroplanes,
from blue plastic chairs on the roadside.
Today I imagine the buzz, the receding sounds,
the bustle round your bed, your chest constricted
in grey pyjamas, your knuckle pricked with salts they think
might quicken you, a mist you have to breathe
from a tightly fitting mask.
Ek raak nog even aan jou sleutelbeen
in jou fleure overhemd van vredehouer,

299

rolihlahla-tinte tot die kraag toe vasknoop.
Voor jou vaart wil ek nog sê: dié gewrig van skrik
en rondkyk, prins, voel my steeds killer,
die vlag wat jy gehys het slap, dis nou 'n flouer
louer wind uit kwaaier hulpeloser haarde
wat teen die kind, die vreemdeling, die vrou se voorkop blaas;
fynbos en riviere, die tenger pikkewyn gemerk
met konterskadu's kwyn weg hier in ons vaderland.
Jy weet dit al. Ek weet dis laat,
en jy moet gaan.

Hier in die hoogty van 'n noordersomer
toef jou pinksterrose op my tafel in 'n vaas,
hul kleure vee ek in 'n lapsak wat ek na die naaste water
dra om te onthou: jou sonsopkomse glimlag,
jou skuifeldans, jou tronkdakse tamatieplante,
jou woorde in die hof van Europees-vergeefsheid
– sakdoek aan die brou – teen die verbode
wat jy nooit wou glo, jou vuis op die balkon
hoog uit die mou gesteek in vier en neëntig,
hierdie beelde uit jou dapper mars, jou spoor verkwiek deur die dou
van jou vergifnis, deur jou vertroue in wat moontlik was,
hierdie helder kroonblare, strooi ek vir jou, Madiba.

(Net een keer het ek u ontmoet.
Ek sal nooit vergeet nie, nooit
wat u gesê het toe,
u het u sin begin met "ons",
u een hand vriend'lik op my skouer.)

ek berei 'n slaai voor die oë van my vader

ek berei 'n slaai voor die oë van my vader watse blare
vra hy watse gras watse klein groen kiewiete
krakeel daar onder in die vlei van lig en van genade
hy blaai deur die jare 'n wit servet om sy nek en tree met adel kuite

I am reaching still to touch your clavicle
beneath your floral shirt of peacemaker,
beneath your garment's rolihlahla tints,
just below the fully buttoned collar.
Before you sail, prince, I need to say: to me this term
of greed and secrets, fear and glancing round
each year feels colder, the flag that you have hoisted slack,
it is a weaker chillier wind that blows from angrier
more helpless hearths against the forehead
of the child, the foreigner, the woman;
rivers, heather, the tender countershaded penguin
go to ruin in our land. You know it all,
I know it's late and you must go.

Here in the tide of a northern summer
your bright peonies linger on my table in a vase,
their fallen colours I have swept into a linen bag
to carry to the lake where I recall your daybreak smile,
your rhythmic step, your prison roof tomato plants,
your speeches in the courts of European vanity –
white handkerchief to the brow – against the laws
you found incredible, your fist stretched high up from the sleeve
on the balcony of ninety four, these pictures
of your dapper march, your tracks emboldened with the dew
of your forgiving, your trust in what seemed possible –
these petals do I strew for you, Madiba.

(I met you only once, I won't forget,
not ever, what you said,
you started speaking using "we",
your one hand warmly on my shoulder.)

(Unpublished)
(Tr. by the author)

i prepare a salad before the eyes of my father

i prepare a salad before the eyes of my father
what leaves he asks what grass which small green plovers
quarrel down there in the wetlands of light and grace
he pages through the years, white napkin around his neck and strides
                                        with noble calves

301

deur die toppe van wildemosterd waarin die blou kieriekoppe
van tarentale roer en die someravond bruin op die stellasie sit
en die horlosiegrasse afdraai in die stof
in hierdie kuil van skadu sê my pa en hef die skaal op in sy hande
sit die klein goue blaarvouer in die krip van die palmiet
te pierewiet vou my ook so o heer in u alsontsiende kroes
maak my soet hoor my dank laat hierdie groen kos geseënd wees
aan ons gees my pa eet blare my pa eet gras en praat in tale

nagpsalm

dis 'n ou klavier wat die nag verklaar
dis 'n klawerbord
by die voete van dinge
by die voete van lamppale
by die vrank voete van olyfbome
dis metronome
by die soeter voete van die suurlemoenboord
in die vlei se voet van water
onder om die riete
om die voete van die lelies
dis 'n ou klavier
miskien is dit 'n weefstoel
dis die weefstoel se klikkende pedale
of smidsgetinkel
onderin die molm van die nag
of 'n naaimasjien met 'n klopvoet
wat zik-zik binne-in die kuil
dis skelm jazz op klepels
dis om die voet van elke halm
minus melodie
sonder kadens
dis 'n ou klavier
dis 'n ou klavier
dis 'n spikkeling onder die voetsool
dit galm

through the tops of wild mustard where the bony blue heads
of guinea fowl shift and the summer evening brown and sweet sits upon a perch
and the arms of the hourglass weed droop down in the dust
in this dale of shadows says my dad and lifts the dish up in his hands
the small golden leaf roller sits calling in the gully of the bulrush
oh lord enfold me too in the compass of your crucible
make me sweet hear my thanks let this green food
be blessed unto our spirit my dad eats leaves my dad eats grass and speaks
in tongues

(From: *Kaar*, Human & Rousseau, 2013)
(Tr. by the author)

night psalm

it's a honky tonk that illumines the night
it's the keyboard of a honky tonk
down at the feet of things
at the feet of the lampposts
at the acrid feet of the olive trees
it's a metronome
at the sweeter feet of the lemongrove
at the vlei's little slippers of water
down at the bottom of the reeds
where the lilies lilt on stilettos
it's a rickety old honky tonk
maybe a loom
the spool and the shuttle
of a cranky old loom
or a smithy's tinker and tilt
down in the sump of the night
or a sewing machine with a tapping heel
that jig-jigs yonder in the quag
it's cheeky jazz on bell tongues
it's in the hoof of every culm
sans a tune
without amen
it's a honky tonk
it's a clapper key
it's a speckling under the dewclaw

om die voet van die laventel dis voetlepels
dis voetmusiek
van kikkers en van krieke
dis hulle wat so dingel en dienk
aanhoudend in die elm van die gras
hierby hum ek
hierby strum ek
hierby swingel ek
my nagpsalm

it echoes from under the lavender
they're foot spoons
they're foot raps
of crickets and of toads
they're the ones that are a-tappin' and a-tickin'
unceasing in the mottle of the grass
to this I hum
to this I strum
to this I swingle
my night psalm

(From: *Versindaba 2005*, Protea Book House, 2005)
(Tr. by the author)

Here be dragons

Hier is inderdaad drake –
hier in ons huise en tuine,
hier waar die laatmiddag stuiptrek en omkom
en stof word vir môre se maaiers.
Hier in die koninkrykies wat ons ons s'n noem
tussen die teekoppies, die kikoejoe en die tv
slinger die warm asems soms om ons bene
sodat ons sug en die vensters wyer oopgooi vir wind,
hier waar ons kinders met klippies speel,
hiér is
drake.

Ligvaart

Op hierdie Aprilse namiddag
ets lig die droë wolke wit
teen die vaalblou lug
so duidelik
dat mens daaraan wil raak
of daarin swem
in die onmoontlike verdrinking
van lig:
so sal ek wil gaan,
my verdrink in die middaglig
om vier- of vyfuur
wanneer die dag stiller word
en lomerig teen die rantjies leun,
lig my dan uit uit dié bestaan
lig sonder liggaam.

Ilse van Staden

Here Be Dragons

Here are indeed dragons –
here in our gardens and homes,
here where the afternoon staggers and dies down
to dust for tomorrow's maggots.
Here in the kingdoms we call our own
among the tea cups, the kikuyu and the tv
we sigh at the warm breath on our skins
and open the windows wide for wind,
here where our children play with pebbles,
here are
dragons.

(From: *Watervlerk*, Tafelberg Publishers, 2003)
(Tr. by the author)

Light Flight

On this April afternoon
light etches the dry clouds in white
against the pale blue sky
so clearly
that one wants to touch them
or swim in them
in the impossible drowning
of light:
thus would I like to go,
drown myself in the afternoon light
at four or five o'clock
when the day grows dimmer
and drowsily leans against the hills,
then lift me out of this existence
light beyond embodiment.

(From: *Watervlerk*, Tafelberg Publishers, 2003)
(Tr. by Charl J.F. Cilliers)

Dromer I

Daar waar die skippe swem
salig soos swane
op die diep seeskap van drome,
daar lê die aarde ver
en die ankers daal 'n duisend vaam –
diep, diep drywende wete
wat agter ooglede ontluik
en soos 'n donkerwatervis
van son en maan en wind
net deur myle weerklinkende
water bewus.

Die luisteraars

Daar is dié wat selfs na sterre luister
sonder om te hoor
en van "son" en "lig" nooit weet nie,
wat doof bly vir betekenis.

Altyd huiwer hulle en staan
in hulself en prewel oor woorde
of die skaduwees van woorde wat langsaam
deur vensters hulle wete binnesif,
drywend ongedefinieer soos stof in sonlig,
soos sonlig self wat deining én deeltjie is.

Dan druk hulle met hande
of die skaduwees van hande behoedsaam
teen 'n deur se geslote swygsaamheid
en prewel sonder om te vra,
wag net verwonderd tot in ewigheid:

dat God die wêreld deur 'n woord kon maak.

Dreamer I

There where the ships swim
soulfully like swans
on the deep seascape of dreams,
there the earth is far away
and anchors fall a thousand fathoms –
knowledge deeply drifting
under eyelids unfolding
and like a deep-sea fish
knowing sun and moon and wind
only through the water
the miles of echoing mind.

(From: *Watervlerk*, Tafelberg Publishers, 2003)
(Tr. by the author)

The Listeners

There are those who listen even to the stars
without ever hearing
or knowing about "sun" or "light",
remaining deaf to meaning.

Always they hesitate, standing
within themselves, mumbling about words
or the shadows of words that gradually
infuse their awareness through windowpanes,
drifting undefined like dust motes in light,
like light itself, both particle and wave.

Then they press with cautious hands
or the shadows of hands
against the locked silence of a door
and mutter without ever asking,
just waiting, eternally amazed

that with a word God could have made the world.

(From: *Fluisterklip*, Lapa Publishers, 2008)
(Tr. by Charl J.F. Cilliers)

Rakelings

Soms sal die wind na woorde ruik
en elke vlam 'n hart
van ou gesegdes dra.

Die aande van voldoening slapeloos ómgepraat,
die ure ligvoets in hul hartstog,
klok wat op sy eie tyd aantik,
die maan halflyf in die lug soos 'n skip sonder seil
en soms 'n suiwer oomblik van woordaanvlerking
te vlugtig om te vang in die misnet van begrip:

poësie gebeur rakelings
soos maanlig se weerklank
lig op lippe.

mooi blou blom

vanoggend bibberende gebede:

somers oninhaalbaar verby
ononderbroke blou soos donderweer
verhef bo daknokke, bo bome van eenderse vere
geen ontkenning van die vlug nie

die dood is 'n hoë C
houtkapper wat sketter
se onverskrokke aria deur die leë lug
'n sonkol gesplits deur spieëls
brokkelende verbygang

die dood is 'n mooi blou blom
van onverwylde woordloosheid
die tong sterf dadelik af
en stilte land soos vlinders
op blou kelkblare

310

Glancingly

Sometimes words have the scent of wind
and every flame the heart
of ancient adages.

The nights of sleepless contentment spent in talking,
the hours timid in their passion,
clock that ticks to its own rhythm,
the half-moon in the air like a ship without sail
and at times a pristine moment when words take wing,
too quick to catch in the misty net of understanding:

poetry happens as glancingly
as the echo of moonlight
lightly on lips.

(From: *Fluisterklip*, Lapa Publishers, 2008)
(Tr. by Charl J.F. Cilliers)

lovely blue flower

this morning trembling prayers:

summers irretrievably past
uninterrupted blue like thundery weather
above roof ridges, trees of similar feather
no denial of flight

death is a high C
clamorous woodpecker's
fearless aria in the empty air
a spot of sun splintered by mirrors
crumbling evanescence

death is a lovely blue flower
of immediate wordlessness
the tongue dies instantly
and silence settles like a butterfly
on blue calyxes

die dood is 'n afdwaalwoord
wat koggel in 'n kelk van kleure
in spieëls onspelbaar verwring
en jy vermoed
verlossing is verloorbaar ver

'n blom lê buite

by die buitedeur verwilderde voëls
uit bome verdwaal

death is a word gone astray
that mocks in a calyx of colours
in mirrors indefinably distorted
and you suspect
release is as far as loss can be

outside a flower lies

near the door birds frightened from trees
have lost their way

(From: *Die dood is 'n mooi blou blom*, Pandora Books, 2009)
(Tr. by Charl J.F. Cilliers)

Mans

Na Valzhyna Mort

Mans is soms soos vlieë 'n oorlas,
van hulle aanraking sku ek weg.

Mans se hartklop stoot deure oop,
trek my uit asof dit alledaags is.
Hulle vly teen my aan asof hulle my besit,
hou my soos 'n saksofoon vas;
hierdie melodieë, hierdie blues
vergal my met melancholie.

Onverwags slaan hulle hartkamers
se deure toe en in stilte

bly ek weer
in die donker alleen.

Jy het my geleer

Jy het my geleer
       om weer lief te hê
       en woorde te proe
       wat soos soetvye
       op my tong lê
       tot slaap lig
       soos vere
       aan my ooglede raak
       en ek, droomverlore
       in die sterretuin
       op 'n kronkel-

Cas Vos

Men

After a poem by Valzhyna Mort

Men are like flies, sometimes,
rubbing their feelers in glee.

Their pounding hearts break down doors,
unclothe me like it's the most natural thing.
They buff my flesh like they own me,
hold me tight like a saxophone.
Their melodies, their moves
swamp me with the blues.

Then, without a sniff or a cough
They slam shut the doors of the heart

and I find myself, once more,
alone in the dark.

(From: *Weerloos lewe*, Protea Book House, 2012)
(Tr. by Leon de Kock)

You taught me

You taught me
            to love, again
            to taste the moon
            in my mouth
            until sleep lightly
            like feathers
            touches my eyelids
            and I, dream-
            lost in the garden
            of stars, walk
            without direction
            hanging shadows up
            on the edges

pad ligweg verdwaal
terwyl vuurvliegies
soos lanterns gloei.

Jy het my geleer
om myself te gee
soos die gerwe
van 'n glansende oes
juigend van vreugde.

Jy het my geleer
om blindelings
weer lief te hê.

Die Here is nie my herder nie

Die Here is nie my herder nie,
ek kom alles kort.
Hy lei my na leegtes,
laat my bloedsweet,
bring my na 'n woestyn
sonder manna se genade
op die deinende duine.

Hy lei my op omweë
om sy verlore eer te soek.

Ek kruip deur donker dieptes,
my hart skommel bang;
U het u hand teruggetrek,
ek kyk vas teen u rug.

U laat my aan 'n kruis hang
terwyl my vyande koggel.
U ontvang my soos 'n rower,
ek is oorlaai met skuld.

of the white moon
and the lemons glow
like lanterns
and I feel glad
when almond blossoms
land, still pulsing,
heartbeat of doves.

You taught me
to give myself
like the sheaves
of a gleaming crop
laughing with joy.

You taught me
blinded with sight
to love, again.

(From: *Duisend dae op jou spoor*, Hond, 2013)
(Tr. by Leon de Kock)

The Lord is not my shepherd

The Lord is not my shepherd,
I fall short in every way.
He leadeth me to lowlands,
I sweat blood in his presence.
He leadeth me to a desert
where no manna falls
upon the swelling dunes.

Yea, he leadeth me astray
in search of his lost honour.

I crawl down dark depths,
my heart rattles with fear;
Lord, you have withdrawn your hand.
I stare into your back.

You allow me to hang from a cross,
my enemies throw jibes at me.
You receive me like a robber.
I am weighed down with guilt.

Al slaan u stilte my stom,
sal ek na U bly roep,
ek, u weggooilam.

Allerliefste

In gesprek met Breyten Breytenbach

Allerliefste, ek stuur vir jou 'n e-posduif
want niemand sal 'n vonkduif se vere pluk nie.
My vingers fladder lig oor die sleutelbord,
vlerk oor die toetse met gretige woorde
wat hoog en laag oor my rekenaarskerm vlieg.

Kyk, my duif kom op en my duif gaan onder
iewers oor die eter
en waar hy sit, daar glinster my boodskap
en helder my oë op:
jy moet altyd weet, liefste, van my liefde
soos van vlerke wat oor jou flapper –
hoe vlug van hart tot hart dit is.

My hand ritsel

As die skemer deur ruite val,
ritsel my hand op leë papier.
'n Trein fluit in die nag se oor,
sterre dryf soos bote op water
en skadu's skuif in voor die maan.

As my hand ritsel op papier,
kom daar in die skemeruur
'n gedig uit swartland se drome.
Ek soek tussen die fragmente
na die omtrek van jou gesig,
my oë dwaal oor die are
wat op jou sagte hande vertak.

Even if your silence strikes me dumb,
I shall still call out to you,
I, your castaway lamb.

(From: *Duskant die donker / Before it darkens*, Protea Book House, 2011)
(Tr. by Leon de Kock)

Most beloved
   After Breyten Breytenbach

Dearest love, let me send you this shimmer-note
for surely nothing will stop my e-dove's flight.
My fingers flutter soft across the keys,
coasting on the flight of hungry words
words that swoop and rise above my screen.
Look, my dove climbs it dives it soars
riding the ether's currents
and where it lands, there my message flickers
there my eyes shine:
always know, my love,
know that like wings thudding above your head
so urgent, so close, is my passion.

(From: *Duskant die donker / Before it darkens*, Protea Book House, 2011)
(Tr. by Leon de Kock)

Rustle of language

Dusk seeps through the panes.
I hear the rustle of language,
the whistle of a night train.
Stars drift like boats on water,
shadows shift across the moon.

I hear this rustle like leaves,
then dusk blows in a poem
from the black land of dreams.
Feeling through the fragments
I seek the outline of your face.
My eyes wander across veins
branching your soft hands.

Ek merk hierdie gedig op papier,
lig soos asem in die nag se mond.
'n Gedig met horte en stote,
my hand is stomp en dom
van groen poësie se vlekke
en woordlyne bly ontspoor.

My hand skryf op papier
in hierdie vervalle skemeruur
voor my woorde droog ritsel.

Misinterpreted

Na 'n skildery van Marlene Dumas (1988)

Moenie my so miskyk nie.
Kyk na die lyne van my gesig.
Dit is jou dwalende oë omwille
dat ek doek toe inkarneer.

Dit is tot jou heil
dat ek ingeraam word.
Dit is tot jou geluk
dat jou oë op my vasgenael bly.

Ek duik voor jou gevange oë op
om my wit vallerok heuphoog
soos branderskuim te lig.
Kyk, voor jy met blindheid geslaan word.

Sien my wit skulp as ek been wys.
Ek vóél jou oë oor my spoel.
My ore suis.

On paper I notate this rustle so light
like breath escaping night's mouth.
A poem in stops and starts
out of a hand so blunt, so ignorant
bruised with the vines of green verse
and still I lose their shape.

My hand notates, on paper
in the ruins of dusk
the rustle of language.

(From: *Duskant die donker/Before it darkens*, Protea Book House, 2011)
(Tr. by Leon de Kock)

Misinterpreted

After a painting by Marlene Dumas (1988)

You look right through me. Don't.
Look, rather, at my lined face.
It is for the sake of your wandering eyes
that I incarnate this canvas.

It is for your salvation
that I inhabit this frame.
For your happiness
that I glue your eyes to mine.

I break through the surface of your stare,
lift hip-high the folds of my white dress
folds like the foam of waves.
Look, before you get struck with blindness.

Look, see my white shell as I show some leg.
Your eyes, washing over me, shock my flesh.
My ears roar.

(From: *Duskant die donker/Before it darkens*, Protea Book House, 2011)
(Tr. by Leon de Kock)

Apocrypha XII

En die Here God maakte voor Adam en zijne vrouw
rokken van vellen en toog ze aan. (Genesis 3:21)

Toe Eva haar tussen die vyebome aantrek
in modes deur die hemelse Hartnell –
die sagte dassiebroekie
en die stoute bra van springbokvel,
die handgelooide miniromp wat wip
en 'n tweede sondeval voorspel –
toe sis die slange.

O jou soete meisiekind uit die paradys!
Vermakerig het sy haar lae hals en bene
aan die engele voor die poort gewys!

Resensie

Dan is daar die verhaal van Rut,
die plattelandse platjie
wat in die traptyd, die vrytyd,
die paartyd vir die volgende jaar se oestyd,
in die slaaptyd skelm-skelm gaan inkruip
aan die voetenent van die baas.

"Was jou en salf jou, maar laat jou nie herken
totdat jy klaar geëet het en gedrink het
en sy hart vrolik is nie …

"En as hy gaan slaap,
maak dan sy voetenent stilletjies
oop en gaan lê …"

M.M. Walters

Apocrypha XII

Unto Adam also and to his wife did the Lord God
make coats of skins, and clothed them. (Genesis 3:21)

When Eve clad herself amidst the grove of figs
in fashions by the heavenly Hartnell –
panty of softest skin of mole,
and the naughty bra of springbok hide,
the hand-tanned miniskirt whose lift
predicts a second Fall of Man –
then how the snakes did hiss.

Oh, sweet young thing from paradise!
Tantalisingly showed low-cut bodice and long legs
at heaven's gate as feast for angel eyes!

(From: *Apcrypha*, Nasionale Boekhandel, 1969)
(Tr. by Michiel Heyns)

Review

Then there is the tale of Ruth,
the country cousin
who in the threshing-time, the courting-time,
the mating-time for next-year's harvest-time,
at sleeping-time softly slipped
in by the foot of the bed of the boss.

"Wash thyself, and anoint thee, but make not thyself known
until he shall have done eating and drinking,
and his heart be merry…

"And it shall be, when he lieth down,
That thou shalt go in, and uncover his feet,
and lay thee down…"

Heerlike hygverhaal, maar net te, té
stout vir ses mate gars in 'n tjalie!
Ongelooflik
dat God self so 'n verhaal vertel,
of toelaat
dat dit in sy bloemlesing opgeneem word ...

(En die kind se naam is Obed.)

The prince and the beggar maid

Na aanleiding van 'n skildery deur E.B. Jones

Durf ek droom?
My borsplaat is verwyder,
my swaard slaap in sy skede
en my kroon rus op die grond.
Hier waar geen ander howelinge kyk,
stryk ek die vaandel.
Hier hoef jy nie te smeek nie
want ek is die bedelaar.

Waarheen sal ons swerwe?
Met jou alleen deur paleistuine
tot waar riviere uitmond in die see
en dan met volgeswelde seile
oor al die branders – tot ons twee
vreesloos in die vreemde lande
ons harte aan mekaar kan gee.
Jou lyf is marmer, so wit en fyn;
kom ons open die swaar gordyn.

Nee, Here, nee,
moet my nie so kasty nie.
U weet tog
die beker moet by my verbygaan.

324

Glorious bonkbuster, but just too, too
saucy for six measures of barley in a shawl!
Unbelievable
that god himself would tell such a tale,
or countenance
its inclusion in his anthology…

(And the child's name is Obed.)

(From: *Satan ter sprake*, Protea Book House, 2004)
(Tr. by Michiel Heyns)

The prince and the beggar maid
After a painting by E.B. Jones

Dare I dream?
I've doffed my breastplate,
my sword sleeps in its scabbard
and my crown rests on the ground.
Here far from curious gaze of courtiers,
I strike my standard.
Here there is no need for you to beg
for I am your beggar now.

Where will we roam to?
With you alone through palace gardens
to where rivers debouch into the sea
and then brave the breakers
with billowing sail – till we two
fearlessly on foreign shores
can pledge each heart to heart.
Your body's marble, so white and fine;
let us drink then from this vintage wine.

No, my Lord, no,
do not scourge me so.
For you must know
this cup must pass me by.

(From: *Cabala*, Nasionale Boekhandel, 1967)
(Tr. by Michiel Heyns)

Ek sou 'n Christen geword het

Ek sou 'n Christen geword het as dit nie vir die Kerk van Christus was nie.
— (Mohandas K. Gandhi)

Julle "Heilige Gees" het oor my gekom –
ek weet hy kom nie maklik oor die Bose
(hy verkies die verbeelding van profete!)
maar hy't op my kom sit soos 'n wit duif
(of was dit nou 'n blou poustertpronker?)
en gesê: Praat met die Kerk van Christus,
die Kerk wat uit sy magsposisie 'n ideologie bedryf
van vergrype teen die mens, Kerk
wat soos van ouds 'n gesagstruktuur wil bou
uit pure ydele magsbelustheid, praat
met die swartspan, die "geroepenes" wat altyd nederig
sit in die voorste ry, praat met, ráás met
die omgeegroepe, voorbiddingsgroepe, Bybelstudiegroepe
wat dink hulle bou aan hul god se droomvisie
vir sy Kerk, sê vir hulle god sê: Rêrig,
julle het die goddelike kat aan sy gat beet –
verskoning, hy sê: Julle misgis julle liederlik …

Met my goeie wense

O, Geseënde en Almagtige Seun van God,
Heer van die hemelse glanspaleis,
ek loof en roem U onophoudelik.
U is die Hoogste en die Heiligste,
die Magtigste en Uitnemendste,
die Meester en die Meeste.
Ek besing u heilige Naam: Uitverkorene,
ontvang en gebore sonder sonde,
vlekkelose Verlosser met die vaderlike Vleuels.
Geseënd is die God wat U gestuur het,
die Heilige Vrou wat U gebaar het.
Geseënd is u Woord, u Heilige Gees …

326

I would have become a Christian

I would have become a Christian if it hadn't been for the Church of Christ
   – (Mohandas K. Gandhi)

Your "Holy Ghost" came upon me –
I know he doesn't come readily upon the Wicked
(he prefers the imaginings of prophets!),
but he settled on my shoulder like a white dove
(or could have been a proud blue peacock-preener)
and said: Talk to the Church of Christ,
the Church that from its position of strength practises an ideology
of sins against humanity, Church
that as of old wants to erect a structure of command
from pure idle power-lust, talk
to its priests who would aggrandise their egos
with "holy" Exegeses, talk
to the boys in black, the so-called "called" who ever humbly
sit in the front row, lambast
the support groups, the prayer circles, Bible study cells
who think they're building god's dream vision
for his Church, say unto them god says: *Really,*
you have the godly bull by the balls –
pardon, he says: You are grievously mistaken …

(From: *Satan ter sprake,* Protea Book House, 2004)
(Tr. by Michiel Heyns)

With my best wishes

Oh, Blessed and Almighty Son of God,
Lord of the heavenly glitter-palace,
I praise and laud Thee without cease.
Thou art the Highest and the Holiest,
The Mightiest and most Excellent,
the Master and the Mostest.
I celebrate thy Holy name: Elected,
conceived and born without sin,
immaculate Saviour with fatherly Wings.
Blessed be the God who sent thee,
The Holy Woman who bore thee.
Blessed be thy Word, thy Holy Ghost …

Aanvaar tog hierdie so gewone huldeblyk
met die innige, eg gevoelde wens
dat jy mag groei en werklik groot word,
uiteindelik mag uitstyg bo
die Ou-Testamentiese ydelheid,
die kinderagtige klein menslikheid
van altyd net die grootste te moet wees,
die obsessionele beheptheid
van ewig net wil en moet geprys word.

Die groot stilte

"*A man who loves God
necessarily loves silence.*"
— *Thomas Merton*

Eens sal elk-een die Onbekende ingaan, plek
waar hy ál-een is, met 'n magtelose versinking
in dieptes dieper as gedagtes: 'n onbewustheid
waar tyd nie meer bestaan nie, duiseling
van ruimtes wat ontbind, leegte en duisternis
waaruit niks en niemand terugkeer nie.

Dit is die universele toestand waar dogmatiese
versnipperings verdwyn, finale kennismaking met die sélf,
spieël van aangesig tot aangesig, die óópvlek
waarteen daar geen skuiling is nie, maar óók:
'n oplê van die hande, inseëning en -wyding,
'n een word met die Heel-Al in 'n hoër harmonie
as 'n simfonie van snare, 'n in-stemming op
die enigste stem van God wat hoorbaar is.

Please do accept this standard-issue tribute
with the fervent, heart-felt wish
that you may grow and become truly great,
at last may rise above
the Old-Testamentary tetchiness,
the childish petty humanness
of always wanting to be the greatest,
the compulsive obsession of eternally
wanting to be and having to be praised.

(From: *Satan ter sprake*, Protea Book House, 2004)
(Tr. by Michiel Heyns)

The great silence

> *"A man who loves God*
> *necessarily loves silence."*
> *– Thomas Merton*

Once each one will enter the unknown place
where he is the only one, with a helpless sinking
in depths deeper than thought: an oblivion
where time does not exist, dizzying
space disintegrating, void and darkness
from which nothing and no-one can return.

That is the universal condition where dogmatic
quibbles disappear, final confrontation with the self,
mirror face to face, the flaying open
from which there is no refuge, but also:
a laying-on of hands, blessing and dedication,
becoming one with the Universe in a higher harmony
than a symphony of strings, a tuning-in to
the only voice of God that man can hear.

(From: *Sprekende van God*, Tafelberg Publishers, 1996)
(Tr. by Michiel Heyns)

4 Biographical notes

Poets

 Zandra Bezuidenhout was born and raised in the Strand. She studied at the University of Stellenbosch. Later she continued her studies at the Universities of Stellenbosch and Leiden, and in 2005 she was awarded a doctorate on contemporary poetry by Afrikaans- and Dutch-speaking women. Her poetry debut, *dansmusieke* (2000), was awarded the Ingrid Jonker Prize, and a second collection, *Aardling*, was published by Protea Book House in 2006. A number of her poems have been included in anthologies and other publications.

Zandra Bezuidenhout is gebore en het grootgeword in die Strand. Sy studeer aan die Universiteit van Stellenbosch en sit later haar studies in Leiden voort. In 2005 verwerf sy 'n doktorsgraad oor die eietydse poësie van Afrikaans- en Nederlandstalige vroue. Haar poësie-debuut, *dansmusieke* (2000) is met die Ingrid Jonker-prys bekroon, en 'n tweede bundel, *Aardling*, het in 2006 by Protea Boekhuis verskyn. Van haar gedigte is in versamelbundels en ander publikasies opgeneem.

 Martjie Bosman was born in Groblersdal and matriculated at the Ben Viljoen High School. She studied at the University of Pretoria where she earned a Masters degree in Afrikaans literature in 1985. Her poems have appeared in literary journals since 1990 and her first volume of poems, *Landelik*, for which she received the Ingrid Jonker Prize, was published in 2003. Her second volume, entitled *Toevallige tekens*, was published in 2010.

Martjie Bosman is op Groblersdal gebore en het aan die Hoërskool Ben Viljoen gematrikuleer. Sy studeer aan die Universiteit van Pretoria, waar sy in 1985 'n meestersgraad in Afrikaanse letterkunde behaal. Van haar gedigte verskyn sedert 1990 in literêre tydskrifte en sy debuteer in 2003 met die bundel *Landelik* waarvoor sy die Ingrid Jonker-prys ontvang. Haar tweede bundel, *Toevallige tekens*, verskyn in 2010.

 Breyten Breytenbach is a distinguished poet, painter, novelist, playwriter, essayist and human rights activist. He is considered one of the greatest living poets in Afrikaans. His literary work has been translated into many languages and he has been honoured with numerous literary and art awards. He was born in Bonnievale and studied art at the Michaelis Art School in Cape Town. In 1960 he left South Africa and went to Paris. Breytenbach made his debut with a collection of innovative poems in 1964 with the publication of *Die ysterkoei moet sweet*. In his latest collection of poetry he engaged in a nomadic conversation with his friend, the late Palestinian poet Mahmoud Darwish. He received the Protea Prize, Mahmoud Darwish Prize and for the French translation of *Oorblyfsels/Voice over*, the Max Jacob Prize. His volumes of poetry, *Die beginsel van stof* in 2011, and *Katalekte* in 2012, were both published by Human & Rousseau. His latest volume of poetry, *vyf-en-veertig skemeraandsange*, was published in 2014.

Breyten Breytenbach is op Bonnievale in die Wes-Kaap gebore. Hy vestig hom in Parys, Frankryk, waar hy as skilder bekend word. Ná sy debuut, *Die ysterkoei moet sweet* (1964) en *Katastrofes* (eweneens 1964), volg 'n groot aantal digbundels, prosawerke en ander geskrifte. Hy ontvang verskeie Suid-Afrikaanse en buitelandse pryse vir sy werk, waaronder die CNA-prys vir *Kouevuur* (1969) en *Lotus* (1970) en die Lucy B. en C.W. van der Hoogt-prys wat deur die Maatschappij der Nederlandse Letterkunde toegeken word. In 2008 het *Die windvanger* verskyn waarvoor hy die Hertzogprys, die Universiteit van Johannesburg-prys vir Skeppende Skryfwerk, die W.A. Hofmeyr-prys en die Protea Poësieprys ontvang het. In 2009 verskyn nog 'n digbundel, *Oorblyfsels/Voice over*, wat 'n huldeblyk is aan Breytenbach se oorlede digtersvriend Mahmoud Darwish. Sy digbundel *Die beginsel van stof* verskyn in 2011 en in 2012 verskyn sy bundel *Katalekte*. Sy jongste bundel *vyf-en-veertig skemeraandsange* verskyn in 2014.

T.T. Cloete was born in Vredefort. After matriculation he studied at the Universities of Pretoria, South Africa and Potchefstroom and at the Gemeentelijke Universiteit, Amsterdam. Cloete was awarded the Gustav Preller Prize in 1976 and in 2002 the NP van Wyk Louw medal for his literary-scientific publications. He made his debut as poet in 1981 and has to date published nine volumes of poetry, a drama and two volumes of short stories. For his poetry Cloete has received the Ingrid Jonker Prize, the W.A. Hofmeyr Prize, the Louis Luyt Prize, the CNA Prize, the Rapport Prize and the Hertzog Prize. Cloete's recasting of the psalms in Afrikaans was widely acclaimed. In 2013 he published his outlook on life under the title *Die ander een is ek*. Another volume of poems, *Karnaval en Lent*, was published by Tafelberg Publishers in 2014.

T.T. Cloete is op Vredefort gebore. Ná skool het hy gestudeer aan die Universiteit van Pretoria, die Universiteit van Suid-Afrika, die Potchefstroomse Universiteit en die Gemeentelike Universiteit van Amsterdam. In 1976 ontvang hy die Gustav Preller-prys en in 2002 die N.P. van Wyk Louw-medalje vir sy literêr-wetenskaplike publikasies. Hy debuteer in 1981 as digter. Tot op hede het hy nege digbundels, een drama en twee kortverhaalbundels gepubliseer. Vir sy digbundels het hy die Ingrid Jonker-, W.A. Hofmeyr-, Louis Luyt-, die CNA- en die Hertzogprys gekry. Sy omdigting van die psalms word baie hoog aangeslaan. In 2013 publiseer hy 'n lewensbeskoulike boek onder die titel *Die ander een is ek*. In 2014 het sy bundel *Karnaval en Lent* by Tafelberg Uitgewers verskyn.

Marius Crous published his first volume of poetry, *Brief uit die kolonies*, in 2003 and won the University of Johannesburg Debut Prize. His second volume, *Aan 'n beentjie sit en kluif*, appeared in 2006. In addition to a doctorate in Afrikaans and Dutch, he has also been awarded MA degrees in Afrikaans and Dutch and in English. He has also completed the Creative Writing Course at the University of Stellenbosch under Marlene van Niekerk. Crous teaches Afrikaans and Dutch at the Nelson Mandela Metropolitan University in Port Elizabeth. His third volume of poetry, *Vol draadwerk*, was published in 2012.

Marius Crous se eerste digbundel, *Brief uit die kolonies*, het in 2003 verskyn en is bekroon met die Universiteit van Johannesburg se Debuutprys. Sy tweede digbundel, *Aan 'n beentjie sit en kluif*, het in 2006 verskyn. Benewens 'n doktorsgraad in Afrikaans en Nederlands beskik hy ook oor MA-grade in Afrikaans-Nederlands, Engels, asook in Kreatiewe Skryfkunde, wat hy onder leiding van Marlene van Niekerk voltooi het. Hy doseer Afrikaans en Nederlands aan die Nelson Mandela Metropolitaanse Universiteit in Port Elizabeth. Sy derde digbundel, *Vol draadwerk*, het in 2012 verskyn.

Johann de Lange debuted in 1982 with *Akwarelle van die dors*, awarded with the Ingrid Jonker Prize in 1983. *Die algebra van nood* (2009) was awarded the Hertzog Prize in 2011. In 2010 a selection from his poetry was published, entitled *Judasoog*. A volume of quatrains entitled *Weerlig van die ongeloof* has been published by Protea Book House in 2011 and was nominated for the SALA Poetry Prize in 2012. *Vaarwel, my effens bevlekte held* was published in 2012, and short-listed for the W.A. Hofmeyer Prize. He was awarded the Pankrator Prize for his poem "Skerpskutter" in an international poetry competition organised by UNESCO, as well as an Avanti award for his documentary script on the life of Ingrid Jonker ("Verdrinkte hande"). Apart from editing poetry and fiction anthologies, he also published selections from the poetry of Lina Spies and Wilhelm Knobel. In 2007 *The wisdom of water*, his translations of poems by Wilma Stockenström, was published. His English translations of various Afrikaans authors have been published in English publications and journals overseas. His translations into Afrikaans, *Die beste*

verhale en humor van Herman Charles Bosman, was published in 2013, and his next volume of poetry, *Stil punt van die aarde*, in 2014.

Johann de Lange debuteer in 1982 met die digbundel *Akwarelle van die dors* waarvoor hy in 1983 die Ingrid Jonker-prys ontvang. *Die algebra van nood* (2009) word met die Hertzogprys vir poësie bekroon in 2011. In 1997 stel hy *Soort soek soort* saam, 'n bundel gay kortverhale uit die laaste honderd jaar, en saam met Antjie Krog in 1998 'n bloemlesing erotiese poësie, getiteld *Die dye trek die dye aan*. 'n Bundel met kwatryne getiteld *Weerlig van die ongeloof* volg in 2011 en word vir die SALA-poësieprys in 2012 benoem. *Vaarwel, my effens bevlekte held* wat in 2012 verskyn het, haal die kortlys vir die W.A. Hofmeyr-prys. De Lange ontvang die Pankratorprys in 'n internasionale poësiekompetisie van UNESCO vir sy gedig "Skerpskutter" en 'n Avanti-toekenning vir sy draaiboek oor die lewe van Ingrid Jonker ("Verdrinkte hande"). Sy vertalings van Afrikaanse gedigte verskyn in verskeie publikasies, onder meer in *The heart in exile: South African poetry in English 1990–1995* (1996) en *The lava of this land: South African Poetry 1960–1996* (1997). Vertalings van Wilma Stockenström se gedigte verskyn in 2007 as *The wisdom of water*. Sy vertalings van Herman Charles Bosman in Afrikaans, *Die beste verhale en humor van Herman Charles Bosman*, verskyn in 2013, en sy jongste digbundel, *Stil punt van die aarde*, in 2014.

 Louis Esterhuizen obtained a BA (Hons) in Afrikaans at the University of South Africa. Esterhuizen's first volume of poems was *Stilstuipe* (1986). His eighth volume, *wat die water onthou*, was published in 2010 for which he was awarded the Protea Poetry Prize. His poems have appeared in various anthologies such as *Poskaarte, Die Afrikaanse Poësie in 'n 1000 en enkele gedigte, Groot Verseboek* and *Nuwe Verset*. Esterhuizen was also the initiator of the annual poetry festival *Versindaba*. At present he contributes to *Versindaba*, a website for Afrikaans poetry. His ninth volume of poems, *Amper elders*, was published in 2012. A new volume of poetry, *die afwesigheid van berge*, was published in 2014.

Louis Esterhuizen behaal 'n BA (Hons.) in Afrikaans aan die Universiteit van Suid-Afrika. Esterhuizen debuteer met die digbundel *Stilstuipe* (1986), waarna *Op die oog af* (1988), *Die onderwaterweg* (1996), *Patzers* (1997) *Opslagsomer* (2001), *Liefland* (2004) en *Sloper* (2007) volg. Sy agtste digbundel, *wat die water onthou*, verskyn in 2010 en word bekroon met die Protea Poësieprys vir 2011. Die bundel is ook benoem vir die UJ-prys vir Letterkunde en die ATKV-Woordveertjie vir poësie (2011). In 2012 verskyn sy bundel *Amper elders*. Van sy verse is in bloemlesings opgeneem, te wete *Poskaarte, Die Afrikaanse Poësie in 'n 1000 en enkele gedigte, Groot Verseboek* en *Nuwe Verset*. In 2014 verskyn sy tiende digbundel, *die afwesigheid van berge*.

 Gilbert Gibson grew up on a farm between Winburg and Marquard in the Free State. He studied Medicine at the University of the Orange Free State. Gibson's poetry first appeared in *Standpunte* and *Tydskrif vir letterkunde* while he was still at school. His debut work, *Boomplaats*, was published in 2005 and was awarded the Protea Poetry Prize in 2006; this was followed in 2007 by *Kaplyn*. His collection, *oogensiklopedie*, published in 2009, won the 2010 ATKV Poetry Prize. His most recent volume of poetry, [*vii*], was published in 2013.

Gilbert Gibson het grootgeword op 'n plaas tussen Winburg en Marquard in die Vrystaat. Hy het medies studeer aan die Universiteit van die Vrystaat. Gibson se gedigte het die eerste keer verskyn in *Standpunte* en *Tydskrif vir letterkunde* terwyl hy nog op skool was. Sy debuut, *Boomplaats*, is in 2005 gepubliseer en in 2006 met die Protea Poësieprys bekroon. Dit is in 2007 gevolg deur *Kaplyn*. *oogensiklopedie*, wat in 2009 gepubliseer is, het die 2010 ATKV-poësieprys verwerf. Sy mees onlangse digbundel, [*vii*], is in 2013 gepubliseer.

Tom Gouws is a mathematician, literary critic, education specialist, writer, award-winning playwright (*Nag van die lang messe*) and poet (*Diaspora, Troglodiet, Syspoor* and *Ligloop*). His volume of poems, *Ligloop*, was awarded with the ATKV Poetry Prize (2011). His latest volume, *Stigmata*, was published in 2012.

Tom Gouws is 'n wiskundige, letterkundige, onderwysspesialis, skrywer, bekroonde dramaturg (*Nag van die lang messe*) en digter (*Diaspora, Troglodiet, Syspoor, Ligloop* en *Stigmata*). Sy bundel *Ligloop* verwerf die ATKV-Woordveertjieprys vir uitnemende poësie. Sy jongste bundel, *Stigmata*, is in 2012 gepubliseer.

Joan Hambidge is professor of Afrikaans Literature & Creative Writing at the University of Cape Town. She teaches MA courses in Creative Writing at the University of Cape Town and has two doctorates. She has also published several satirical and non-satirical novels such as *Die Judaskus, Palindroom* and *Kladboek*. *Die buigsaamheid van verdriet* (2006) is a volume of selected poems. She is also known for her essays on literary theory. For her poetry she was awarded the Eugène Marais Prize and the Litera Prize. Other volumes of poetry are *Visums by verstek*, for which she has won the ATKV Poetry Prize in 2011 and *Lot se vrou* (2012). *Meditasies* was published in 2013. *Woorde wat weeg* is her blog at http://joanhambidge.blogspot.com/

Joan Hambidge is Professor in Afrikaanse letterkunde & Kreatiewe Skryfwerk aan die Universiteit van Kaapstad. Sy behartig 'n MA-kursus in Kreatiewe Skryfwerk en het twee doktorsgrade behaal. Verskeie satiriese en ernstige romans het verskyn soos *Die Judaskus, Palindroom* en *Kladboek*. *Die buigsaamheid van verdriet (2006)* bevat 'n keuse uit haar digkuns. Sy is bekend vir vele literatuurteoretiese essays. Vir haar digkuns word sy bekroon met die Eugène Marais- en Litera-prys. Vir *Visums by verstek* wen sy die ATKV-Woordveertjieprys in 2011 en haar jongste bundel, *Lot se vrou*, verskyn in 2012. In 2013 verskyn *Meditasies*. Haar blog heet *Woorde wat weeg* by http://joanhambidge.blogspot.com/

Daniel Hugo was born in Stellenbosch and spent his school years in Greyton (Western Cape) and Windhoek (Namibia). He obtained a BA (Hons) degree at the University of Stellenbosch, an MA at the University of Pretoria and a DLitt at the University of the Free State. He was part of D.J. Opperman's Literary Laboratory at Stellenbosch. In 1982 Hugo made his debut as a poet with the volume *Korte Mette*. His latest volume is *Hanekraai* (2012). He is also well-known as a translator of the Dutch poets Gerrit Komrij, Rutger Kopland and Alfred Schaffer, and the Flemish poets Herman de Coninck and Miriam Van hee.

Daniel Hugo is op Stellenbosch gebore en het skoolgegaan op Greyton en in Windhoek. Hy het daarna 'n BA (Hons.) in tale verwerf aan die Universiteit van Stellenbosch, 'n MA aan die Universiteit van Pretoria en DLitt aan die Universiteit van die Vrystaat. Op Stellenbosch was hy 'n lid van D.J. Opperman se Letterkundige Laboratorium. Hugo het in 1982 gedebuteer met die digbundel *Korte mette*. Sy jongste bundel is *Hanekraai* (2012). Hy is ook bekend as die vertaler van die Nederlandse digters Gerrit Komrij, Rutger Kopland en Alfred Schaffer, en van die Vlaamse digters Herman de Coninck en Miriam Van hee se werk.

Marlise Joubert was born in Elim (near Levubu, in Limpopo). She grew up in Warmbaths (Bela Bela) and has degrees in Librarianship and a BA Honours in Philosophy. She and her husband, Louis Esterhuizen, started the popular Afrikaans poetry website, *Versindaba*. She was the editor of four volumes of poetry featuring work of the poets participating in the annual *Versindaba* poetry festivals in Stellenbosch. Her first volume of poetry was published in 1970. Her seventh volume of poetry, *splintervlerk*, was published by Protea Book House in 2011. It was nominated for the SALA Poetry Prize in 2012. She is also the author of three novels, of which the first, *Klipkus*, (1978) was translated by Ena Jansen into Dutch as *Rode granaat* (Anthos, 1981). She has received several awards for her radio dramas. http://ateljee.co.za

Marlise Joubert is op Elim naby Levubu gebore. Sy voltooi haar skoolloopbaan op Warmbad (Bela Bela) in die Waterberge en verwerf 'n BA (Bibl.)- en Honneursgraad in Filosofie aan die Universiteit van Pretoria. In 1971 debuteer Joubert met die digbundel *'n Boot in die*

woestyn. Daarna volg nog ses digbundels waarvan die jongste, *splintervlerk,* in 2011 by Protea Boekhuis verskyn het en in 2012 benoem is vir die SALA-poësieprys. Sy het drie romans gepubliseer, naamlik *Klipkus, Oranje Meraai* en *Ateljee van glas. Klipkus* het in Nederlands verskyn as *Rode granaat* (1981). Sy was die samesteller van vier bloemlesings met gedigte wat by die *Versindaba*-poësiefeeste in Stellenbosch voorgelees is. Sy skryf ook verskeie radiodramas en is reeds vier keer bekroon in die RSG/Sanlam-radiodramakompetisie. http://ateljee.co.za

Ronelda S. Kamfer was born in Cape Town. She spent her childhood in Blackheath and Grabouw, and matriculated from Eersteriver Secondary School in 1999. Her poetry has been published in *Nuwe stemme 3, My ousie is 'n blom,* and in *Bunker Hill.* Her first volume of poetry, *Noudat slapende honde,* was published in 2008. It has won the Eugène Marais Prize in 2009. It was also translated into Dutch as *Nu de slapende honden.* Her second volume of poetry, *Grond/Santekraam,* was published in 2011. The Dutch translation appeared in 2012.

Ronelda S. Kamfer is in Kaapstad gebore. Sy bring haar grootwordjare in Blackheath en Grabouw deur. Sy matrikuleer in 1999 aan die Eersterivier Sekondêre Skool. Van haar gedigte verskyn in *Nuwe Stemme 3, My ousie is 'n blom* en *Bunker Hill.* Haar debuutbundel, *Noudat slapende honde,* verskyn in 2008. Die bundel is in 2009 bekroon met die Eugène Marais-prys. Dit is ook in Nederlands vertaal as *Nu de slapende honden.* Haar tweede bundel verskyn in 2011 met die titel *Grond/Santekraam* en word in 2012 ook in Nederlands vertaal.

Antjie Krog is a poet, journalist, author of non-fiction and Professor Extraordinaire at the University of the Western Cape. Krog's first volume, *Dogter van Jefta,* was published in 1970 when she was 17 years old. To date Krog has published ten volumes of poetry as well as three volumes of children's verse in Afrikaans. Krog started publishing prose in the 1990s. The best known of these works is her account of reporting on the Truth and Reconciliation Commission, *Country of my Skull* (1998). She has translated a selection of South African verse written in the indigenous African languages into Afrikaans. This was followed by a reworking of narratives in the extinct language /Xam into Afrikaans poems in *Die sterre sê 'tsau'* and English poems in *The stars say 'tsau'* (2004). She has won major awards in almost all the genres she has worked in: poetry, journalism, fiction and translation. Her work has been translated into English, Dutch, French, Italian, Spanish, Swedish and Serbian. In 2009 a collection of her work, *Digter wordende,* was published.

Antjie Krog is 'n digter, joernalis, niefiksieskrywer en Buitengewone Professor aan die Universiteit van Wes-Kaapland. Sy het reeds tien digbundels in Afrikaans gepubliseer, twee kinderboeke met ryme en drie niefiksieboeke: *Country of my Skull* (1998), gebaseer op haar werk as radiojoernalis by die Suid-Afrikaanse Waarheid- en Versoeningskommissie; *A Change of Tongue* (2004) oor die transformasie in Suid-Afrika na tien jaar en *Begging to be Black* (2009) oor die leefervaring binne 'n dominante swart meerderheid. Krog se eerste digbundel, *Dogter van Jefta,* is in 1970 gepubliseer toe sy 17 jaar oud was. Sy het 'n groep gedigte uit die inheemse swart tale van Suid-Afrika in Afrikaans vertaal en tekste van 'n uitgestorwe inheemse taal verwerk in Afrikaanse gedigte, *Die sterre sê tsau* (2004). Sy het feitlik al die belangrike pryse gewen in die genres waarin sy gewerk het en haar werk is in Engels, Nederlands, Frans, Italiaans, Spaans en Serbies vertaal. In 2009 het 'n versameling van haar werk, *Digter wordende,* verskyn.

Danie Marais was born in Kimberley, went to school in Pretoria and obtained a BCom degree with legal subjects at Stellenbosch University in 1993. He furthered his studies in the field of education at the Carl von Ossietzky University in Oldenburg. In 2007 he participated in *Poetry International* in Rotterdam and was included in the Dutch anthology *Hotel Parnassus: Poezie van dichters uit die hele wereld.* For his first volume of poems, *In die buitenste ruimte* (2006), he received the Ingrid Jonker, Eugène Marais and UJ debut prizes. His second volume, *Al is die maan 'n misver-*

stand, was published in 2009 and won the SALA Award for Afrikaans poetry in 2010. He also compiled an anthology, *As almal ver is: Suid-Afrikaners skryf huis toe (*2009), a collection of essays, letters, short stories and strips about the experiences involved in emigration and/ or living abroad. His latest volume of poetry, *Solank verlange die sweep swaai,* was published in 2014.

Danie Marais is in Kimberley gebore, gaan in Pretoria skool en behaal in 1993 op Stellenbosch 'n BCom-graad met regsvakke. Hy studeer onderwys aan die Carl von Ossietzky Universität in Oldenburg, Duitsland. In 2007 het hy deelgeneem aan Poetry International in Rotterdam en is opgeneem in die Nederlandse bloemlesing, *Hotel Parnassus: Poezie van dichters uit de hele wereld.* Marais het ook deelgeneem aan Poetry Africa 2007 in Durban. Vir sy debuutbundel, *In die buitenste ruimte* (2006), het hy die Ingrid Jonker-, Eugène Marais- en UJ-debuutprys ontvang. Sy tweede digbundel, *Al is die maan 'n misverstand,* het in 2009 verskyn en is in 2010 met die SALA-prys vir Afrikaanse poësie bekroon. Hy het ook die bloemlesing *As almal ver is: Suid-Afrikaners skryf huis toe* (2009) saamgestel, 'n versameling van essays, briewe, kortverhale en strippe oor ervarings van emigrasie en/of verblyf in die buiteland. Sy jongste bundel, *Solank verlange die sweep swaai,* verskyn in 2014.

 Johann Lodewyk Marais was born in Johannesburg and matriculated in 1975 as a pupil of Harrismith High School. He continued his studies at the University of Pretoria where, in 2001, he obtained a DLitt degree for his thesis on Eugène N. Marais's scientific prose and, in 2013, a DPhil (History) degree on international travel literature on Kenya. His debut volume of poems was *Die somer is 'n dag oud.* Seven further volumes of poems followed, the latest being *In die bloute* (2012). *Diorama* was awarded with the SALA Poetry Prize in 2012. He also compiled three collections – *Groen: Gedigte oor die omgewing* (1990), *Ons klein en silwerige planeet: Afrikaanse, Nederlandse en Vlaamse gedigte oor die omgewing* (1997) and *Honderd jaar later: Ter viering van die publikasie van Eugène N. Marais se "Winternag" op 23 Junie 1905* (2006). In 2003 his first work of prose appeared, a travel book entitled *Lae wolke oor Mosambiek: 'n Reisboek.*

Johann Lodewyk Marais is in Johannesburg gebore en het in 1975 aan die Hoërskool Harrismith gematrikuleer. Hy studeer aan die Universiteit van Pretoria waar hy in 2001 'n DLitt-graad vir sy proefskrif oor Eugène N. Marais se wetenskaplike prosa en in 2013 'n DPhil (Geskiedenis) oor internasionale reisliteratuur oor Kenia verwerf. Marais debuteer as skeppende skrywer met die digbundel *Die somer is 'n dag oud* (1983), waarvoor hy die Ingrid Jonker-prys kry. Hy skryf nog sewe bundels, waarvan die jongste *In die bloute* (2012) is. *Diorama* is met SALA se prys vir Afrikaanse poësie bekroon. Hy stel ook drie digbundels saam, naamlik *Groen: Gedigte oor die omgewing* (1990), *Ons klein en silwerige planeet: Afrikaanse, Nederlandse en Vlaamse gedigte oor die omgewing* (1997) en *Honderd jaar later: Ter viering van die publikasie van Eugène N. Marais se "Winternag" op 23 Junie 1905* (2006). In 2003 verskyn sy eerste prosawerk, naamlik *Lae wolke oor Mosambiek: 'n Reisboek.*

 Loftus Marais grew up in Paarl and obtained an MA degree in Afrikaans Creative Writing (cum laude). His poems have appeared in *Nuwe stemme 3*, *My ousie is 'n blom* and *Tydskrif vir letterkunde.* His debut volume, *Staan in die algemeen nader aan vensters,* for which he received the Eugéne Marais Prize, the UJ Debut Prize and the Ingrid Jonker Prize, appeared in 2008. His second volume of poetry, *Kry my by die gewone plek aguur,* was published in 2012.

Loftus Marais het in die Paarl grootgeword en het 'n MA-graad in Kreatiewe Afrikaanse Skryfkunde (cum laude) aan die Universiteit van Stellenbosch verwerf. Sy verse is in *Nuwe stemme 3*, *My ousie is 'n blom* en *Tydskrif vir letterkunde* gepubliseer. In 2008 verskyn sy debuutbundel, *Staan in die algemeen nader aan vensters,* waarvoor hy die Eugéne Marais-prys, UJ-debuutprys en Ingrid Jonker-prys ontvang het. Sy tweede bundel, *Kry my by die gewone plek aguur,* verskyn in 2012.

Petra Müller was born in the Overberg region of South Africa. She started her career as a short-story writer and has published widely in magazines, journals and anthologies. Her first collection of poetry, *Obool*, appeared in 1977 and was followed in 1979 by *Patria*, which was awarded the Eugène Marais Prize. Her other collections include *Liedere van land en see* (1984), *My plek se naam is Waterval* (1987), *Swerfgesange vir Susan* (1997), and *Die aandag van jou oë* (2002) for which she received the Hertzog Prize in 2005. In 2006 she published *Night Crossing*, a collection of English poetry. Petra Müller was named Book Journalist of the Year in 1995, and has been an active contributor to the field of literary studies through regular essay and review publications. Her latest volume of poetry, *om die gedagte van geel*, appeared in 2012.

Petra Müller is 'n Overberger. Sy het aanvanklik kortverhale in tydskrifte gepubliseer en later verskeie kortverhaalbundels die lig laat sien. Tussendeur het haar digbundels verskyn: *Obool* (1977), *Patria* (1979) wat met die Eugène Marais-prys bekroon word, *Liedere van land en see* (1984), *My plek se naam is Waterval* (1987), *Swerfgesange vir Susan* (1997) en *Die aandag van jou oë* (2002) waarvoor sy in 2005 die Hertzogprys ontvang het. Daarna verskyn 'n bundel gedigte in Engels, *Night Crossing*. Petra Müller is in 1995 aangewys as die Boekjoernalis van die Jaar, aangesien sy ook 'n aansienlike oeuvre aan resensies en letterkundige essays gelewer het. Haar jongste bundel, *om die gedagte van geel*, het in 2012 verskyn.

 Johan Myburg published his first volume of poems, *Vlugskrif*, in 1984, to be followed ten years later by *Kontrafak* which won the Eugène Marais Prize. *Kamermusiek* was published in 2008. Myburg is also a journalist and art critic.

Johan Myburg het in 1984 gedebuteer met die digbundel *Vlugskrif*. Tien jaar later het *Kontrafak* gevolg wat die Eugène Marais-prys verower het. *Kamermusiek* het in 2008 verskyn. Benewens digter is Myburg joernalis en kunskritikus.

 Charl-Pierre Naudé has had two volumes of Afrikaans poetry published: *Die Nomadiese oomblik* (1995) and *In die geheim van die dag* (2004). The first received the Ingrid Jonker Prize in 1997. The second was awarded the M-Net Prize for Afrikaans Poetry in 2005 and the Protea Prize in the same year. Naudé's first English volume of poetry, *Against the Light*, appeared in 2007. In 2009 a bibliophile edition of some poems appeared in a Dutch/Afrikaans bilingual presentation. His third volume of poems, *Al die lieflike dade*, was published in 2014.

Charl-Pierre Naudé het twee Afrikaanse digbundels gepubliseer: *Die Nomadiese oomblik* (1995) en *In die geheim van die dag* (2005). Aan eersgenoemde word die Ingrid Jonker-Prys in 1997 toegeken. Die tweede bundel word met die die M-Net-prys vir Afrikaanse digkuns en die Proteaprys bekroon. Naudé se eerste Engelstalige bundel, *Against the light*, verskyn in 2007. In 2009 verskyn 'n bibliofiele bundel gedigte in Afrikaans en Nederlands in Nederland. In 2014 verskyn sy derde bundel, *Al die lieflike dade*.

 Fanie Olivier was born in Pretoria, grew up in the Cape and learnt to write poetry in Durban. He studied Law and Afrikaans at Stellenbosch, and his first volume of poems, published as student, was *gom uit die sipres*. After his first volume of poems he published five more volumes: *om alleen te reis*, *paradysrigting van die wind*, *skimmellig*, *verklarings 1967–1987* and *apostroof* (2010). He published a couple of celebratory volumes and the distinctive *Die mooiste Afrikaanse liefdesgedigte*, an anthology of love poems.

Fanie Olivier is gebore in Pretoria, word groot in die Kaap en leer gedigte skryf in Durban. Hy studeer Regte en Afrikaans op Stellenbosch en debuteer as student met *gom uit die sipres*. Hy publiseer naas die debuut vier ander bundels: *om alleen te reis*, *paradysrigting van die wind*, *skimmellig* en *verklarings 1967–1987*. Hy stel 'n geleentheidsbundel of twee saam en die bloemlesing *Die mooiste Afrikaanse liefdesgedigte*. In 2010 verskyn nog 'n bundel van hom met die titel *apostroof*, wat oor die siekte en dood van sy vrou handel.

H.J. (Henning) Pieterse was born in Wageningen, the Netherlands. He was the final editor of John Boje's *'n Keur uit die Pelgrimsverhale van Geoffrey Chaucer* (*A Selection From the Pilgrim's Stories of Geoffrey Chaucer*, 1989). From 1993 to 2003 he was Editor in Chief of *Tydskrif vir letterkunde* (*Journal of Literature and Literary Studies*). For his debut volume of poetry, *Alruin* (1989), he received the Eugène Marais and Ingrid Jonker prizes. In 1998 he published a volume of short stories, *Omdat Ons Alles Is* (*Because We Are Everything*), and in 2000 a second volume of poems, *Die Burg van Hertog Bloubaard* (*The Castle of Duke Bluebeard*), for which he received the Hertzog Prize in 2002. In 2007 he published a translation of Rilke's *Duineser Elegien/Duino Elegies* into Afrikaans, for which he received the Nedbank Academy Prize for Translation in 2008. Pieterse is currently Professor and Director of the Unit for Creative Writing at the University of Pretoria.

H.J. (Henning) Pieterse is gebore in Wageningen, Nederland. Hy was eindredakteur van John Boje se *'n Keur uit die Pelgrimsverhale van Geoffrey Chaucer* (1989). Van 1993 tot 2003 was hy Hoofredakteur van *Tydskrif vir letterkunde*. Vir sy debuutdigbundel *Alruin* (1989) ontvang hy die Eugène Marais- en die Ingrid Jonker-prys. In 1998 publiseer hy 'n bundel kortverhale, *Omdat Ons Alles Is*, en in 2000 'n tweede digbundel, *Die Burg van Hertog Bloubaard*, waarvoor hy die Hertzogprys ontvang in 2002. In 2007 publiseer hy 'n vertaling in Afrikaans van Rilke se *Duineser Elegien/Duino-elegieë*, waarvoor hy die Nedbank Akademieprys vir Vertaling ontvang in 2008. Pieterse is tans professor en Direkteur van die Eenheid vir Kreatiewe Skryfkuns aan die Universiteit van Pretoria.

Lina Spies was born in Harrismith in the Northeast Free State. In 1958 she started her studies at the University of Stellenbosch and completed her Master's degree in 1963. From 1968 to 1970 she studied Dutch Language and Literature at the Free University (VU) in Amsterdam and obtained the degree DrsLitt, the equivalent of a Master's degree. In 1982 she obtained a DLitt at the University of Pretroria with a dissertation on the Afrikaans poet D.J. Opperman which was published as *Kollonade* (1992). In 1995 two extensive articles on the relationship between the Afrikaans poet Elisabeth Eybers and the American poet Emily Dickinson were compiled and published as *Die enkel taak*. She published nine volumes of poetry. In 2010 a collection of her poems (edited by Johann de Lange) was published with the title of *Die skyn van tuiskoms*. For her debut volume, *Digby Vergenoeg* (1971), she received the Eugène Marais Prize and the Ingrid Jonker Prize. She was also the compiler of the anthology, *Sy sien webbe roer*, a selection of poems of female Afrikaans poets. In 2011 she was awarded the Prize for Translation by the South African Acadamy for Science and Art for *Die Agterhuis*, her translation of the diary of Anne Frank, *Het Achterhuis* (*The Secret Annex*), into Afrikaans from the original Dutch.

Lina Spies is op Harrismith in die Noordoos-Vrystaat gebore. Vanaf 1958 studeer sy aan die Universiteit van Stellenbosch. Sy studeer verder in die Nederlandse Taal en Letterkunde aan die Vrije Universiteit van Amsterdam (1968–1970) en behaal die graad DrsLitt. Met 'n doktorale proefskrif oor D.J. Opperman behaal sy in 1982 die graad DLitt aan die Universiteit van Pretoria. In 1992 is haar proefskrif gepubliseer onder die titel *Kolonnade* en in 1995 verskyn daar uit haar pen twee uitgebreide artikels oor die verwantskap tussen Elisabeth Eybers en Emily Dickinson onder die titel *Die enkel taak*. Sy het 'n groot aantal artikels, meestal oor die poësie, gepubliseer, asook 'n bloemlesing uit die werk van Afrikaanse vrouedigters, *Sy sien webbe roer*, in 1999. Nege digbundels het uit haar pen verskyn. In 2010 verskyn daar ook 'n keur uit haar werk, saamgestel deur Johann de Lange, onder die titel *Die skyn van tuiskoms*. Vir haar debuutbundel *Digby Vergenoeg* het sy beide die Eugène Marais-prys van die Suid-Afrikaanse Akademie vir Wetenskap en Kuns ontvang en die Ingrid Jonker-prys. In 2011 word die Akademie se Vertalersprys vir *Die Agterhuis*, haar vertaling van die dagoek van Anne Frank uit die oorspronklike Nederlands (*Het Achterhuis*) aan haar toegeken.

Carina Stander grew up on a farm in the Waterberge of Limpopo. Since 2005 she has been working as a freelance journalist for five national magazines and two newspapers, twice receiving the Media24 Award for Article Writer of the Year at *Lééf*. She completed a Masters degree in Creative Writing (cum laude) at the University of Cape Town and had two volumes of poetry published by Tafelberg Publishers: *die vloedbos sal weer vlieg* (2006) and *woud van nege en negentig vlerke* (2009). A number of her poems have been put to music by Herman van den Berg, Souldada from the Netherlands and cellist Ha!Man. Carina's short stories and poems are included in various compilations and some of these are prescribed for schools. She published her first novel *Wildvreemd* in 2011. www.carinastander.com

Carina Stander was plaaskind in die Waterberge van Limpopo. Sedert 2005 is sy vryskut-joernalis by vyf nasionale tydskrifte en drie koerante en was twee keer Artikelskrywer van die Jaar by die Media24-tydskrif, *Lééf*. Sy voltooi 'n meestersgraad in Kreatiewe Skryfwerk (cum laude) aan die Universiteit van Kaapstad en albei haar digbundels verskyn by Tafelberg Uit-gewers: *die vloedbos sal weer vlieg* (2006) en *woud van nege en negentig vlerke* (2009). 'n Aantal van haar gedigte is getoonset deur Herman van den Berg, die Nederlandse musiekgroep Souldada en tjellis Ha!man. Van haar kortverhale en gedigte wat in versamelbundels verskyn, is voorgeskryf vir skole. *Wildvreemd*, haar eerstelingroman, verskyn in 2011. www.carinastander.com

Wilma Stockenström was born in Napier, in the Western Cape. After graduating from Stellenbosch University, she worked as a translator and ac-tress. In 1970 she published her first volume of poetry, *Vir die bysiende leser*. In 1977 she was awarded the prestigious Hertzog Prize for Poetry for *Van vergetelheid en van glans*. Her novel, *Abjater wat so lag*, was awarded the Hertzog Prize for Fiction in 1992. In total she has published eight volumes of poetry (the latest being *Hierdie mens*, which was published in 2013), six novels, and a play. A selection of her poems, *Stomme aarde*, was published in 2007, simultaneously with *The wisdom of water*, a selec-tion of her poetry in English translation. Her most widely known novel, *Die kremetarktekspedisie*, has been translated into several languages, amongst them Dutch, German, French, Swedish, Italian and Hebrew.

Wilma Stockenström is op Napier in die Wes-Kaap gebore. Sy studeer aan die US waarna sy as vertaler en aktrise werk. Haar eerste digbundel, *Vir die bysiende leser*, verskyn in 1970, gevolg deur nog sewe digbundels (haar jongste bundel, *Hierdie mens*, het in 2013 verskyn), ses romans en een toneelstuk. Sy ontvang die Hertzogprys vir beide poësie en prosa: vir *Van vergetelheid en van glans* in 1977, en *Abjater wat so lag* in 1992. Sy tree op in feesprogramme plaaslik asook in die buiteland, onder meer in Rotterdam, Nijmegen, Antwerpen, Brussel, Aken in Duitsland en Casablanca in Marokko. In 2007 verskyn *Stomme aarde*, 'n keur uit haar gedigte, gelyktydig saam met 'n versameling van haar gedigte in Engels getiteld *The wisdom of water*.

Dolf van Niekerk was born in Edenburg in the Free State, and completed his schooling there. He studied at various universities and in 1982 was award-ed a doctorate in Philosophy from the University of Pretoria. His oeuvre en-compasses all genres: prose, poetry, and drama. Apart from receiving prizes for his radio work, Van Niekerk has won the Eugène Marais, Scheepers and the M.E.R. prizes. The latest of his five volumes of poetry, *Blink Planeet*, was published in 2013.

Dolf van Niekerk is op Edenburg in die Vrystaat gebore, waar hy ook sy skoolloopbaan voltooi. Hy studeer aan verskeie universiteite en behaal in 1982 'n doktorsgraad in Wysbe-geerte aan die Universiteit van Pretoria. Sy oeuvre bestryk al die genres: prosa, poësie en drama. Benewens toekennings vir sy radiowerk het Van Niekerk ook die Eugène Marais-, die Scheepers- en die M.E.R.-prys ontvang. Die jongste van vier digbundels, *Lang reis na Ithaka*, het in 2009 verskyn.

Marlene van Niekerk is the author of three volumes of poetry, *Sprokkelster* (1972), *Groenstaar* (1983) and *Kaar* (2013), and two collections of short stories, *Die vrou wat haar verkyker vergeet het* (1992) and *Die sneeuslaper* (2010). She has also published two novels, *Triomf* (1994) en *Agaat* (2004). She is currently responsible for the supervision of MA students in Creative Writing. Van Niekerk has won the following prizes: in 1978, the Eugène Marais Prize and the Ingrid Jonker Prize for *Sprokkelster* as well as the Chancellor's Prize from the University of Stellenbosch; in 1995 the M-Net, the CNA, and the Noma prizes for *Triomf*; in 2005 the UJ Prize for Creative Writing for *Agaat*, which also won the Hertzog Prize in 2007. She also won the UJ prize for *Die sneeuslaper* in 2011. Some of her poems were published in the anthologies of *Versindaba 2005, 2008* and *2010*. In 2010 she received an honorary doctorate for her literary work from the University of Tilburg. She received the Hertzog Prize for Poetry in 2014 for her latest volume of poetry, *Kaar*.

Marlene van Niekerk debuteer in 1977 met die digbundel, *Sprokkelster*, waarvoor sy die Eugène Marais- en die Ingrid Jonker-prys ontvang. Daarna verskyn *Groenstaar* (1983) en twinting jaar later *Kaar* (2013) waarvoor sy in 2014 die Hertzogprys en UJ-prys ontvang. Haar eerste roman, *Triomf*, verskyn in 1995 en word met die Noma-, M-Net- en CNA-prys bekroon. Tien jaar later verskyn *Agaat* met ses toekennings inpalm, onder meer die Hertzogprys vir prosa (2004). Sy het twee bundels kortverhale die lig laat sien, *Die vrou wat haar verkyker vergeet het* (1992) en *Die sneeuslaper* (2010). Laasgenoemde is in 2011 met die UJ-prys bekroon. Sy is tans verantwoordelik vir die begeleiding van MA-studente in die Skeppende Skryfkunde. Van Niekerk het die volgende toekennings ontvang: 1978: Eugène Marais-prys en Ingrid Jonker-prys vir *Sprokkelster* en die Kanseliersprys van die Universiteit van Stellenbosch; 1995: M-Net-prys, CNA-prys en Noma-prys vir *Triomf*; 2005: UJ-prys vir Skeppende Skryfwerk vir *Agaat*. Sy het ook in 2007 die Hertzogprys vir hierdie roman ontvang. Ook *Die sneeuslaper* word in 2011 bekroon met die UJ-prys. Na twintig jaar verskyn haar derde digbundel, *Kaar*, by Human & Rousseau en ontvang die Hertzogprys vir poësie in 2014.

Ilse van Staden was born in Pretoria, but grew up in the Waterberg in the Limpopo province. She matriculated at Pro Arte High School (Pretoria) and studied veterinary science at the University of Pretoria. Her first volume of poems, *Watervlerk* (2003), won the Eugène Marais and Ingrid Jonker prizes. She completed her BA degree in Creative Writing (cum laude) through the University of South Africa. In 2008 her second volume of poems, *Fluisterklip*, was published and in 2009 *Die dood is 'n mooi blou blom*. In 2009 a volume of short stories, *Tafel vir twee*, was published.

Ilse van Staden is gebore in Pretoria, maar spandeer haar kinderjare in die Waterberg in Limpopo-provinsie. Sy matrikuleer aan die Hoërskool Pro Arte en kwalifiseer daarna as veearts aan UP. Haar debuutbundel *Watervlerk* verskyn in 2003, gevolg deur *Fluisterklip* in 2008 en *Die dood is 'n mooi blou blom* in 2009. Sy behaal haar BA Kreatiewe Skryfkuns (cum laude) by Unisa (2008). In 2009 verskyn ook 'n kortverhaalbundel, *Tafel vir twee*.

Cas Vos was born in Rustenburg. He recently retired from the position of Dean of the Faculty of Theology at the University of Pretoria. In 1999 he was awarded the Andrew Murray Prize for *Die volheid daarvan* (I and II). In 2001 the South African Academy for Science and Arts awarded Vos the Pieter van Drimmelen medal. His debut volume of poetry, *Vuurtong* appeared in 1999. His second volume, *Gode van papier*, was published in 2001, and was followed in 2003 by *Enkeldiep*. The fourth volume of his poetry, *Die afdruk van ons hande*, appeared in 2007, followed in 2009 by *Intieme afwesige*. A new volume of poetry, *Duskant die donker/Before it darkens* (with translations by Leon de Kock) appeared in 2011. His next volume of poetry, *Weerloos lewe*, appeared in 2012, and his most recent volume, *Duisend dae op jou spoor*, was published in 2013.

Cas Vos is op Rustenburg gebore. Hy het 'n paar jaar gelede as Dekaan van die Fakulteit Teologie aan die Universiteit van Pretoria afgetree. Die Andrew Murray-prys is in 1999 vir *Die volheid daarvan 1 en 11* aan hom toegeken. In 2001 het die Suid-Afrikaanse Akademie vir Wetenskap en Kuns aan Vos die Pieter van Drimmelen-medalje toegeken. Sy poësie-debuut, *Vuurtong*, het in 1999 verskyn. Sy tweede bundel, *Gode van papier*, het in 2001 die lig gesien, en dit is in 2003 opgevolg deur *Enkeldiep*. Sy vierde bundel, *Die afdruk van ons hande*, het in 2007 verskyn. Dit is in 2009 gevolg deur *Intieme afwesige*. 'n Nuwe bundel gedigte, *Duskant die donker/Before it darkens* (vertaal deur Leon de Kock) het in 2011 die lig gesien. In 2012 is *Weerloos lewe* gepubliseer. Sy jongste bundel, *Duisend dae op jou spoor*, het in 2013 by Hond verskyn.

 M.M. Walters was born in Moorreesburg, and matriculated at the Hoër Jon-genskool, Wellington. He studied at the Universities of Cape Town and South Africa. His first poems were published in *Standpunte* and were later collected in the volume *Cabala*, for which he received the Eugéne Marais, Ingrid Jonker and W.A. Hofmeyr prizes. This was followed by five more collections, of which the most recent was *Satan ter Sprake*. Walters has published several dramas and satirical essays. Apart from translations from Virgil, Walters has also published *Shi-Ching Liedere-boek* (2003), a selection from the body of Chinese poetry, and *Aki no kure: Herfsskemering* (2006), from the Japanese. Walters has also published three coffee-table books containing poems and photos of the Swartland and West Coast regions. A new volume of poetry, *Braille-briewe*, was published in 2011.

M.M. Walters is op Moorreesburg gebore en matrikuleer aan die Hoër Jongenskool Wel-lington. Hy studeer aan die Universiteite van Kaapstad en Suid-Afrika. Sy eerste gedigte is in *Standpunte* gepubliseer en later saamgevat in die bundel *Cabala*, waarvoor hy die Eugène Marais-, Ingrid Jonker- en W.A. Hofmeyr-prys ontvang. Daarna volg nog vyf digbundels waarvan die laaste een *Satan ter Sprake* is. Walters publiseer verskeie dramas, waaronder *Die vroue van Kores* en *Die wingerdstok sal rank* en die bundel satiriese essays, *Saturae*. Benewens ver-talings uit Vergilius, publiseer Walters ook *Shi-ching: Liedereboek* (2003), 'n keur uit die Chinese poësieskat, en *Aki no kure: Herfsskemering* (2006) uit die Japannese digkuns. Walters publiseer ook drie koffietafelboeke met gedigte en foto's uit die streke van die Swartland en Weskus. Die jongste bundel, *Braille-briewe*, verskyn in 2011.

Translators

Charl J.F. Cilliers was born in Cape Town. Initially he went into the field of electronics and lectured for four years. He then joined Parliament as a translator in 1968 and retired in 1998 as Editor of Hansard. His first volume of poems, *West-Falling Light*, appeared in 1971, to be followed by *Has Winter No Wisdom* in 1978. His *Collected Poems 1960–2008* appeared in 2008, as did a volume of children's poems, *Fireflies Facing the Moon. The Journey* followed in 2010 and *A Momentary Stay* in 2012. He published two volumes of haiku variations (*Karoo* in 2012 and *Grains of Sand* in 2013). He has retired to the Cape West Coast where he continues to write.

Charl J.F. Cilliers is in Kaapstad gebore. Aanvanklik was hy vier jaar lank dosent in die elektronika. In 1968 word hy 'n vertaler by die Parlement. Hy tree af as Redakteur van Hansard in 1998. Sy eerste bundel *West-Falling Light* verskyn in 1971, gevolg deur *Has Winter No Wisdom* in 1978. Sy *Collected Poems 1960–2008* verskyn in 2008, tesame met 'n bundel kindergedigte *Fireflies Facing the Moon. The Journey* volg in 2010 en *A Momentary Stay* in 2012. Twee bundels haikoe-variasies (*Karoo* en *Grains of Sand*) verskyn onderskeidelik in 2012 en 2013. Ná aftrede verhuis hy na die Kaapse Weskus waar hy nog steeds voltyds skryf.

Leon de Kock is a writer, translator and scholar. He has published three volumes of poetry in English (*Bloodsong*, 1997, *gone to the edges*, 2006, and *Bodyhood*, 2010), a novel, *Bad Sex* (2011), and several works of literary translation, including the multi-award-winning novel *Triomf* by Marlene van Niekerk and novels by leading Afrikaans writers Ingrid Winterbach and Etienne van Heerden, as well as book-length works of Afrikaans poetry. De Kock holds a chair of English at the University of Stellenbosch.

Leon de Kock is 'n skrywer, vertaler en dosent. Hy het drie digbundels gepubliseer in Engels (*Bloodsong*, 1997, *gone to the edges*, 2006, en *Bodyhood*, 2010), asook 'n roman *Bad Sex* (2011) en verskeie vertaalde publikasies insluitende die bekroonde roman *Triomf* deur Marlene van Niekerk. Hy vertaal daarnaas romans van leidende Afrikaanse skrywers soos Ingrid Winterbach en Etienne van Heerden, asook bundels van Afrikaanse gedigte. De Kock is tans professor in die departement Engels aan die Universiteit van Stellenbosch.

Johann de Lange debuted in 1982 with *Akwarelle van die dors*, awarded with the Ingrid Jonker Prize in 1983. He was twice awarded the Hertzog Prize. In 2010 a selection from his poetry was published, entitled *Judasoog* and *Vaarwel, my effens bevlekte held* was published in 2012. He was awarded the Pankrator Prize for his poem "Skerpskutter" in an international poetry competition organised by UNESCO, as well as an Avanti award for his documentary script on the life of Ingrid Jonker ("Verdrinkte hande"). His English translations of various Afrikaans authors have been published in English publications and journals overseas. In 2007 *The wisdom of water*, his translations of poems by Wilma Stockenström, was published

Johann de Lange debuteer in 1982 met die digbundel *Akwarelle van die dors* waarvoor hy in 1983 die Ingrid Jonker-prys ontvang. Hy ontvang twee keer die Hertzogprys en ook die Pankratorprys in 'n internasionale poësiekompetisie van UNESCO vir sy gedig "Skerpskutter" en 'n Avanti-toekenning vir sy draaiboek oor die lewe van Ingrid Jonker ("Verdrinkte hande"). Sy vertalings van Afrikaanse gedigte verskyn in verskeie publikasies, onder meer in *The heart in exile: South African poetry in English 1990–1995* (1996) en *The lava of this land: South African Poetry 1960–1996* (1997). Vertalings van Wilma Stockenström se gedigte verskyn in 2007 as *The wisdom of water*.

Heilna du Plooy grew up in Bronkhorstspruit and Alberton. She studied at the Universities of Potchefstroom and Pretoria. She is teaching Afrikaans and Dutch Literature and Literary Theory at the North-West University in Potchefstroom. She has published several short stories in literary journals and contributed to collections of short stories. She also published three volumes of poetry, *Die donker is nooit leeg nie* (1997), *In die landskap ingelyf* (2003) and *Die stilte opgeskort* (2014).

Heilna du Plooy het in Bronkhorstspruit en Alberton grootgeword. Sy studeer aan die PU vir CHO en aan UP. Sy is tans professor in Afrikaanse en Nederlandse letterkunde aan die Noordwes-Universiteit. Sy het 'n paar kortverhale in literêre tydskrifte gepubliseer asook 'n akademiese werk, "Verhaalteorie in die twintigste eeu" (Butterworth, 1986), en bydraes in verskeie versamelings van artikels en essays oor die Afrikaanse letterkunde. Sy het drie digbundels gepubliseer, naamlik *Die donker is nooit leeg nie* (1997), *In die landskap ingelyf* (2003) en *Die stilte opgeskort* (2014).

Michiel Heyns grew up in Thaba Nchu, Kimberley and Grahamstown, and studied at the Universities of Stellenbosch and Cambridge. He lectured in English at the University of Stellenbosch until 2003, when he took retirement to write full time. Apart from a book on the nineteenth-century novel and many critical essays, one of which won the English Academy's Thomas Pringle Award for Criticism, he has published five novels: *The Children's Day*, *The Reluctant Passenger*, *The Typewriter's Tale*, *Bodies Politic* and *Lost Ground*. He translated Marlene van Niekerk's *Agaat*, which won the 2007 *Sunday Times* Fiction Award. For this translation he was also awarded the English Academy's Sol Plaatje Prize for Translation in 2008 and the South African Institute of Translators' Award for Literary Translation. His translations of Etienne van Heerden's *30 Nagte in Amsterdam* and Chris Barnard's *Boendoe* were published in 2011.

Michiel Heyns het op Thaba Nchu, Kimberley en Grahamstad skoolgegaan en studeer aan die Universiteite van Stellenbosch en Cambridge. Hy was van 1987 tot met sy vroeë aftrede in 2003 'n professor in Engels aan die Universiteit van Stellenbosch. Sedertdien het daar vier romans van hom verskyn waarvan *The Children's Day* in Afrikaans vertaal is as *Verkeerdespruit*. Hy het ook roem as vertaler verwerf en is vir die vertaling van Marlene van Niekerk se *Agaat* met die *Sunday Times*-fiksieprys en die Sol Plaatje-prys vir vertaling bekroon (2008). Sy vertaling van Etienne van Heerden se *30 Nagte in Amsterdam* en Chris Barnard se *Boendoe* is in 2011 gepubliseer.

Marcelle Olivier is an archaeologist, educator, and poet. She was born in Durban in 1978 and raised in Graaff-Reinet and Stellenbosch, South Africa. She was a Commonwealth Scholar, and holds a doctorate in Archaeology from Oxford University; her research and teaching interests include feminist and gender theory, human evolution, and prehistoric rock art. Marcelle publishes regularly in the UK and South Africa.

Marcelle Olivier is 'n argeoloog, opvoeder, en digter. Sy is in 1978 in Durban gebore en het op Graaff-Reinet en Stellenbosch grootgeword. Sy was 'n Commonwealth-beurshouer, en verwerf 'n doktorsgraad in Argeologie van Oxford Universiteit; haar navorsingbelangstellings sluit feministiese en geslagteorie, menslike evolusie, en prehistoriese rotskuns in. Marcelle publiseer gereeld in Brittanje en Suid-Afrika.

Karen Press is a full-time writer and editor, having published eight collections of poetry, a film script, short stories, as well as textbooks in the fields of science, mathematics, English and economics. In 1987 she co-founded the publishing collective Buchu Books.

Karen Press is 'n voltydse skrywer en redakteur van wie daar reeds agt bundels in Engels verskyn het, asook kortverhale en teksboeke in wetenskap, wiskunde, Engels en ekonomie. In 1987 word sy die medestigter van Buchu Books.

Gisela Ullyatt was born in Bloemfontein where she studied at the University of the Free State and obtained Master's degrees in German and in English (Applied Language Studies). Her poetry has appeared in journals both locally and internationally, and she is an award-winning short-story writer. Her poems recently appeared in the *Nuwe Stemme 5* poetry anthology. Her PhD, which undertakes a Buddhist reading of Mary Oliver's poetry, was completed through North-West University.

Gisela Ullyatt is gebore in Bloemfontein en behaal die grade MA (Duits) en MA (Engelse Taalstudie) aan die Universiteit van die Vrystaat. Sy voltooi 'n PhD (NWU) wat handel oor die Amerikaanse digter, Mary Oliver, gesien deur die raamwerk van boeddhisme. Sy dig sedert haar hoërskooldae. In 1995 wen sy die De Kat/ATKV-poësieprys en in 1998 die *Volksblad/* Dept. Afrikaans/Nederlands-prys vir die beste gedig. Sy publiseer ook gedigte in *Litera* en *Honderd Dichters 6* en haar gedigte is ook in *Nuwe Stemme 5* opgeneem.

Tony Ullyatt was born in Nottingham and educated in India, Sudan, and Kenya before completing an undergraduate degree in English and French in Durban, South Africa. After finishing a Master's degree in English at the University of Auckland, he completed a PhD on American poetry at Unisa. Subsequently, he earned Master's degrees in Psychology, Myth Studies, and Applied Language Studies as well as a PhD in Myth Studies. He has won prizes for his radio dramas and poetry as well as the FNB/Vita Award for Translation. He is currently a research fellow at the University of the North-West's Potchefstroom campus.

Tony Ullyatt is in Nottingham gebore en het skoolgegaan in Indië, Soedan en Kenia. Hy verwerf sy eerste graad (Engels en Frans) in Durban. Hy voltooi 'n meestersgraad in Engels aan die Universiteit van Auckland waarna hy 'n paar jaar later by Unisa in Amerikaanse poësie promoveer. Hy het ook meestersgrade in Sielkunde, Mitologiestudies en Taalstudie, asook 'n PhD in Mitologiestudies. Hy wen pryse vir sy radiodramas en poësie en die FNB/Vitaprys vir Vertaling word aan hom toegeken. Hy is tans 'n navorsingsgenoot aan Noordwes Universiteit se Potchefstroomkampus.

5 Acknowledgements

Pirogue A PIROGUE COLLECTIVE AND SPIER PARTNERSHIP *Spier*

We are also grateful for the support of Fonds Neerlandistiek, University of Stellenbosch & the support of the ATKV, Stellenbosch.

*

Thanks are also due to the following copyright holders for permission to publish the original and translated poems in this anthology. Every effort has been made to trace the ownership of material included in this book and to obtain permission for its use where applicable.

Zandra Bezuidenhout: Rêverie: Midi; Mantra; Intiem (unpublished), copyright Zandra Bezuidenhout. All printed with the permission of the author; Voorspel (from *dansmusieke*, Southern College Publishers, 2000). Copyright Zandra Bezuidenhout, reprinted with permission of the author; Falliese vrou (from *Aardling*, Protea Book House, 2006), reprinted with permission of Protea Book House.

Martjie Bosman: Ontmoetings; Verskroeide aarde (from *Landelik*, Protea Book House, 2002); Op die spoor; Voorland; Somerstorm; Soet seisoen (from *Toevallige tekens*, Protea Book House, 2010). All reprinted with permission of Protea Book House.

Breyten Breytenbach: lesende Li Bai (from *Papierblom* deur Jan Afrika, Human & Rousseau, 1998); Onse milde God van alles wat soet en mooi is (from *Lotus*, Buren Publishers, 1970); Selfportret (from *Papierblom* deur Jan Afrika, Human & Rousseau, 1998). All reprinted with permission of NB Publishers; Afreis (from *Die ysterkoei moet sweet*, APB, 1974). Copyright Breyten Breytenbach, reprinted with permission of the author; [hoe vaak was ons hier tussen koeltes op die vloer] (*in 'n brandende see*) (from *Skryt*, Meulenhoff Publishers, 1972), copyright Breyten Breytenbach, reprinted

with permission of the author; halfoggend in die hemel (from *Oorblyfsel/Voice Over*, Human & Rousseau, *2009*), reprinted with permission of NB Publishers. Translations of these poems appeared in *Lady One: Of Love and Other Poems*, Harcourt, 2002 (reading Li Bai); *Windcatcher: New & Selected Poems, 1964-2006*, Harcourt, 2007 (Prayer, Self-portrait, Departure, in a Burning Sea), and *Voice Over: A Nomadic Conversation with Mahmoud Darwish*, Archipelago Books, 2009 (midmorning in heaven); copyright Breyten Breytenbach, reprinted with permission of the author.

T.T. Cloete: Silhoeët van Beatrice; mooi marilyn monroe foto in rooi (from *Idiolek*, Tafelberg Publishers, 1986); brief; what a wonderful world; viool; van die liefde wat vriendskap heet (from *Onversadig*, Tafelberg Publishers, 2011). All reprinted with permission of NB Publishers.

Marius Crous: Hande; Oproep (from *Brief uit die kolonies*, Protea Book House, 2003); Om jou te eet (from *Aan 'n beentjie sit en kluif*, Protea Book House, 2006). Ted; Gaia (from *Vol draadwerk*, Protea Book House, 2012) reprinted with permission of the publisher.

Johann de Lange: My woorde is klippe; Kruisvaart; Soldaat; Dood van James Dean (1931-1955); Twee matrose wat pis (from *Judassoog*, Human & Rousseau 2010); Kandahar, Irak (from *Vaarwel, my effens bevlekte held*, Human & Rousseau, 2012). All reprinted with permission of NB Publishers.

Louis Esterhuizen: dat sy langs jou lê en slaap (from *wat die water onthou*, Protea Book House, 2010); Vlinders (from *Liefland*, Protea Book House, 2004); Teen die hoogte van ons begeerte; Ode aan die deur (from *Sloper*, Protea Book House, 2007); akwarel (from *wat die water onthou*, Protea Book House, 2010);

Weerkaatsings (from *Amper elders*, Protea Book House, 2012). All reprinted with permission of Protea Book House.

Gilbert Gibson: as my naam Sheamus was (from *Kaplyn*, Tafelberg Publishers, 2007); (ii) In meer as net 'n vae moontlikheid; lamentasie (ii); f. vra my iets oor die hemel (from *oogensiklopedie*, Tafelberg Publishers, 2005); hink (from *Kaplyn*, Tafelberg Publishers, 2007); nagjag (from *Boomplaats*, Tafelberg Publishers, 2009). All reprinted with permission of NB Publishers.

Tom Gouws: wit by (from *Diaspora*, HAUM-Literêr, 1990). Copyright Tom Gouws, reprinted with permission of the author; grotargealoog; marilyn monroe foto in grou (from *Troglodiet*, Human & Rousseau, 2002); aanraaklied (from *Syspoor*, Human & Rousseau, 2002); vrou met 'n pêreloorring (from *Ligloop*, Human & Rousseau, 2010); vrou slapende (from *Stigmata*, Human & Rousseau, 2012). All reprinted with permission of NB Publishers.

Joan Hambidge: Tokio; Dublin; Acapulco; Las Vegas, Nevada; Dallas, Texas (from *Visums by Verstek*, Human & Rousseau, 2011). All reprinted with permission of NB Publishers.

Daniel Hugo: Pro Deo; Nog 'n liefdesgedig (from *Die twaalfde letter*, Protea Book House, 2002). Reprinted with permission of Protea Book House; Warmbad, Namibië (from *Skeurkalender*, Tafelberg Publishers, 1998); Ontvlugting (from *Monnikewerk*, Tafelberg Publishers, 1995). All reprinted with permission of NB Publishers; Lees by lamplig (from *Die panorama in my truspieël*, Protea Book House, 2009). Reprinted with permission of Protea Book House.

Marlise Joubert: vrou in Afganistan; as winter brand; waarskuwings; in memoriam: Lisbé (from *passies en passasies*, Protea Book House, 2007); blomtong; dryfgoed (from *splintervlerk*, Protea Book House, 2011). All reprinted with permission of Protea Book House.

Ronelda S Kamfer: Nag; Goeie meisies; Klein Cardo (from *Noudat slapende honde*, Kwela Books, 2008); Shaun 1; Katie het kinders gehad; Dit vat 'n kat om 'n muis te vang (from *Grond/Santekraam*, Kwela Books, 2011). All reprinted with permission of NB Publishers.

Antjie Krog: grond (from *Gedigte 1989–1995*, Hond, 1995). Copyright Antjie Krog, reprinted with permission of the author; elke dag kan ek met jou maak asof jy myne is; colonialism of a special kind (from *Verweerskrif*, Umuzi, 2006). Reprinted with permission of Umuzi Publishers; land van genade en verdriet (from *Kleur kom nooit alleen nie*, Kwela Books, 2000). Reprinted with permission of NB Publishers.

Danie Marais: Bismarck en die tuinman; Groot-Karoo en voëltjie-klein; Stemme (from *Al is die maan 'n misverstand*, Tafelberg Publishers, 2009). Stellenbosch Revisited; Nuwe oë (from *Solank verlange die sweep swaai*, Tafelberg Publishers, 2014). Reprinted with permission of NB Publishers.

Johann Lodewyk Marais: Flits uit 'n jeug (from *Die somer is 'n dag oud*, Human & Rousseau, 1983); Wakker (from *Palimpses*, Human & Rousseau, 1987); Blou bok (from *Verweerde aardbol*, Human & Rousseau, 1992). All reprinted with permission of NB Publishers; Groot Zimbabwe (from *Aves*, Protea Book House, 2002); Onder die maroela (from *Plaaslike kennis*, Protea Book House, 2004); Kameelperd (from *Diorama*, Protea Book House, 2010). All reprinted with permission of Protea Book House.

Loftus Marais: Papiertjie; Biologieles; Na 'n grand uitstalling; Op 'n stoep in Oranjezicht; Still life with wild life; Wederkoms (from *Staan in die algemeen nader aan vensters*, Tafelberg Publishers, 2008). All reprinted with permission of NB Publishers.

Petra Müller: Nico; (from *Obool*, Tafelberg Publishers, 1977); vroeg I; lumen; Gety; naweek op die dorp; rivierboord; deurskyn (from *om die gedagte van geel*, Tafelberg Publishers, 2012). All reprinted with permission of NB Publishers.

Johan Myburg: Camera obscura; Observer on Sunday; Camera obscura II; Aan Vita; Lied op die berge van Libanon; Etude; Oh Lucy (from *Kamermusiek*, Lapa, 2008). All reprinted with permission of Lapa Publishers.

Charl-Pierre Naudè: Twee diewe; Die man wat Livingstone gesien het; Tweerigtingspieël; (from *In die geheim van die dag*, Protea Book House, 2004). Reprinted with permission of Protea Book House; Tuisresep (from *Al die lieflike dade*, Tafelberg Publishers, 2014). Reprinted with permission of NB Publishers. "Two Thieves" and "The Man who Saw Livingstone" are from *Against the Light* (Protea Book House, 2007), translations/versions of the same poems in the Afrikaans anthology *In die geheim van die dag* (Protea Book House, 2004). Reprinted with permission of Protea Book House.

Fanie Olivier: swanger vrou; fragmente van 'n ongeluk, westdene; ek dag; die kunstenaar kyk na sy model (vii) (unpublished). Copyright Fanie Olivier, printed with permission of the author.

H.J. Pieterse: Ek maak nog deure oop (from *Alruin*, HAUM-Literêr, 1989). Copyright H.J. Pieterse, reprinted with permission of the author; Rāga; Artisjok; Uit: Sinfonia Abdis Hildegard van Bingen, 1098–1179: II Sel, III Visioen; Rei van my vrouens; Wat van ons oorbly (from *Die burg van Hertog Bloubaard*, Tafelberg Publishers, 2000). All reprinted with permission of NB Publishers.

Lina Spies: Anne Sexton en Kie; Jong dogtertjie; Vir Anne Frank van *Het Achterhuis* (from *Die skyn van tuiskoms*, Human & Rousseau, 2010). Reprinted with permission of NB Publishers; Ontdaan; Geen luitoon; (from *Tydelose gety*, Protea Book House, 2010). Reprinted with permission of Protea Book House.

Carina Stander: waar jy ook al is; in die nag het ek Jou naam geroep (from *die vloedbos sal weer vlieg*, Tafelberg Publishers, 2006); om op die rug van 'n donkie in die see te swem; sondoop; palm-pas; Lima (from *woud van nege en negentig vlerke*, Tafelberg Publishers, 2009). All reprinted with permission of NB Publishers.

Wilma Stockenström: Afrikaliefde: Ecce homo; Ooskus; Glansspreeubekentenis (from *Die stomme aarde: 'n keur*, Human & Rousseau, 2007); Die skedel lag al huil die gesig (from *Van vergetelheid en van glans*, Human & Rousseau, 1976). All translations of these Afrikaans poems from *The Wisdom of Water: a Selection*, Human & Rousseau, 2007. All reprinted with permission of NB Publishers.

Dolf van Niekerk: By Delfi gloei die rotse; hoe sal ek my woorde skik; Hoe kon jy van my swye weet; In die dag se eerste lig (from *Lang reis na Ithaka*, Protea Book House, 2009). All reprinted with permission of Protea Book House.

Marlene van Niekerk: Aan die swaan op die lj in Februarie; Klaproos; trapsuutjies; Ek berei 'n slaai voor die oë van my vader (from *Kaar*, Human & Rousseau, 2013). Reprinted with permission of NB Publishers; Purperwind, Hamba kakuhle, Madiba (unpublished). Copyright Marlene van Niekerk, printed with permission of the author; nagpsalm (from *Versindaba 2005*, Protea Book House, 2005). Reprinted with permission of Protea Book House.

Ilse van Staden: Here be dragons; Ligvaart; Dromer I (from *Watervlerk*, Tafelberg Publishers, 2003). Reprinted with permission of NB Publishers; Die luisteraars; Rakelings (from *Fluisterklip*, Lapa, 2008). Reprinted with permission of Lapa Publishers; mooi blou blom (from *Die dood is 'n mooi blou blom*, Pandora Books, 2009). Copyright Ilse van Staden, reprinted with permission of the author.

Cas Vos: Mans (from *Weerloos lewe*, Protea Book House, 2012). Reprinted with permission of Protea Book House; Jy het my geleer (from *Duisend dae op jou spoor*, Hond, 2013). Copyright Cas Vos, reprinted with permission of the author; Die Here is nie my herder nie; Allerliefste; My hand ritsel; Misinterpreted (from *Duskant die donker/Before it Darkens*, Protea Bookhouse, 2011. Reprinted with permission of Protea Book House, as well as the English translations of these poems which appeared in *Duskant die donker/Before it darkens*, Protea Book House, 2011.

M.M. Walters: Apocrypha XII (from *Apocrypha*, Nasionale Boekhandel, 1969). Re-printed with permission of NB Publishers; Resensie (from *Satan ter sprake*, Protea Book House, 2004); The prince and the beggar maid (from *Cabala*, Nasionale Boekhandel, 1967. Reprinted with permission of NB Publishers; Ek sou 'n Christen geword het; Met my goeie wense (from *Satan ter sprake*, Protea Book House, 2004). Reprinted with permission of Protea Book House; Die groot stilte (from *Sprekende van God*, Tafelberg Publishers, 1996). Reprinted with permission of NB Publishers.

Marlise Joubert (Editor)
Stellenbosch, South Africa
2005–2014

6 Index

Authors' Afrikaans poems with their English translations

M.M. Walters